FRIEDBERT GAY | DEBORA KARSCH

Das persolog® Persönlichkeits-Profil

Über die Autoren

FRIEDBERT GAY hat das persolog® Persönlichkeits-Profil 1990 in Deutschland eingeführt. Als Mastertrainer und Geschäftsführer der persolog GmbH hält Friedbert Gay regelmäßig Seminare und Vorträge zur Persönlichkeits- und Organisationsentwicklung. Er hat das Persönlichkeits-Profil über die Jahrzehnte hinweg mit Hunderttausenden von Menschen selbst durchgeführt.

DEBORA KARSCH ist als Tochter von persolog-Gründer Friedbert Gay praktisch mit dem Persönlichkeits-Modell aufgewachsen. Sie hat dadurch früh gelernt, wie man erfolgreich die eigenen Stärken nutzt und ausbaut. Seit über 15 Jahren hat sie Tausende von Menschen dabei begleitet, ihre Potenziale zu nutzen und so erfolgreicher zu werden.

DIE PERSOLOG GMBH unterstützt Menschen dabei, ihre Stärken zu entdecken und ihr Potenzial zu entfalten. Durch die pragmatischen und trotzdem wissenschaftlichen Lerninstrumente haben weltweit über 40 Millionen Menschen diese Erkenntnisse genutzt, um sich selbst, ihr Team und ihre Organisation weiterzuentwickeln.
www.persolog.de
www.persolog.com

FRIEDBERT GAY | DEBORA KARSCH

Das persolog®
Persönlichkeits-
Profil

Persönliche Stärke ist kein Zufall

Mit Fragebogen zur Selbstauswertung

Impressum

Bibliografische Information der Deutschen Nationalbibliothek:
Die Deutsche Nationalbibliothek verzeichnet diese Publikation
in der Deutschen Nationalbibliografie; detaillierte bibliografische
Daten sind im Internet über ‹http://dnb.d-nb.de› abrufbar.

ISBN 978-3-86936-929-7

44. Auflage, April 2023

© Copyright 2004–2023 persolog Management GmbH, D-75196 Remchingen.
Alle Inhalte urheberrechtlich geschützt. Alle Rechte vorbehalten.

persolog GmbH, Verlag für Lerninstrumente
Königsbacher Str. 51, 75196 Remchingen
Tel.: +49 7232 3699-0, www.persolog.de

Redaktion: Debora Karsch, Pfinztal
Rommert Medienbüro, Gummersbach
Buchgestaltung & Konzeption, Umschlag, Satz: Andrea Wilhelmi | KDAW Design
Druck und Bindung: Druck- und Medienhaus Sigert GmbH, Braunschweig
Bilder: persolog GmbH

Gedruckt auf FSC-Papier.

Alle Rechte vorbehalten. Vervielfältigung, auch auszugsweise,
nur mit schriftlicher Genehmigung der persolog GmbH, Remchingen.

www.gabal-verlag.de

Der Kauf dieses Buches berechtigt den Käufer ausschließlich zur persönlichen Nutzung.

Das persolog® Persönlichkeits-Profil darf in einem Seminar, in der Beratung oder im Coaching nur von Trainern eingesetzt werden, die dazu von der *persolog GmbH zertifiziert* und mit der Funktionsweise, dem wissenschaftlichen Hintergrund und den möglichen Einsatzgebieten der persolog® Lernsysteme vertraut gemacht wurden.

VORWORT
Bevor Sie loslegen ...

Der Erfolg von jedem Menschen, jedem Team und jedem Unternehmen hängt wesentlich davon ab, wie der Einzelne seine Stärken optimal entwickeln und einsetzen kann. Als ich (Friedbert Gay) 1990 das persolog® Persönlichkeits-Profil in Deutschland eingeführt habe, konnte ich nicht ahnen, was für ein Rad ich damit ins Rollen bringe. Heute haben über 40 Millionen Menschen das Persönlichkeits-Profil genutzt,

- um ihre Stärken zu entdecken,
- um zu verstehen, warum es mit anderen manchmal schwierig ist und mit wieder anderen so leicht,
- und um zu verstehen, was jeder tun kann, um die eigenen Stärken erfolgreich zu nutzen und gleichzeitig mit anderen besser zurechtzukommen.

Wenn Menschen verstehen, wer sie sind, dies in Unternehmen einbringen und ausleben, dann entstehen große Dinge. Zahlreiche deutsche und internationale Unternehmen nutzen heute das persolog® Persönlichkeits-Profil für die Persönlichkeits-, Personal-, Führungskräfte- und Teamentwicklung. Auch im Kundenkontakt – im Verkauf, Kundenservice oder in Beschwerdesituationen können Sie das Wissen des Persönlichkeits-Profils nutzen.

Seit 1990 hat das persolog® Persönlichkeits-Profil eine lange Entwicklungsgeschichte durchlaufen. Der amerikanische Psychologe Dr. John G. Geier hat als geistiger „Urvater" des Profils mit den Verhaltensdimensionen D, I, S und G in über 30-jähriger Entwicklung die Grundlage gelegt. Seit den frühen 2000er Jahren entwickelt die persolog GmbH seine Profile in Zusammenarbeit mit deutschen Universitäten weiter. Sie werden regelmäßig auf mehreren Ebenen wissenschaftlich untersucht und daraufhin immer wieder verbessert. Die wissenschaftliche Grundlage ist für uns wichtig und gleichzeitig liegt der Fokus auf seiner Wirksamkeit bei dem einzelnen Menschen. Wir wissen durch viele Feedbacks: Das persolog® Persönlichkeits-Modell kann auch Ihr Leben positiv verändern, wenn Sie es zulassen.

Jeder Mensch ist anders. Auch die genaueste und ausgefeilteste Typologie wird einen Menschen nie in seiner Vielfalt erfassen. Doch ein Persönlichkeits-Modell kann bei der Selbstreflexion und dem besseren Verständnis anderer Menschen helfen.

Wir wünschen Ihnen viel Freude und wertvolle AHA-Momente auf Ihrer persönlichen Entdeckungsreise.

Ihre

FRIEDBERT GAY
DEBORA KARSCH

Inhalt

■ VORWORT 7

■ EINFÜHRUNG – **Warum Persönlichkeit?** 13

■ ZUM HINTERGRUND DES PERSOLOG® PERSÖNLICHKEITS-MODELLS –
Verhalten verstehen und gestalten 19
Die theoretischen Vorarbeiten von William M. Marston 21
Von der Theorie zur praktischen Anwendung 25
Welchen Nutzen bietet das persolog® Persönlichkeits-Profil? 27
Kompetenzen erkennen und ausbauen mit den Verhaltensdimensionen D-I-S und G 29
Reliabilität und Validität: Das persolog® Persönlichkeits-Modell wurde mehrfach untersucht 31

■ IHR PERSOLOG® PERSÖNLICHKEITS-PROFIL – **Der original Fragebogen** 37
Fragebogen „Am ehesten" 42
Fragebogen „Am wenigsten" 44
Auswertung 46
So füllen Sie die Auswertungsbox I aus 46
So erstellen Sie die Diagramme 48
Ihre 3 Diagramme 49
So finden Sie Ihre Kennzahlen heraus 49
So füllen Sie die Auswertungsbox II aus 50
Ihre Verhaltensdimensionen als Flächendiagramm 52
So erstellen Sie Ihr Flächendiagramm 53
Die nächsten Schritte 54

■ INTERPRETATIONSSTUFE 1 – **Verhaltensdimensionen D, I, S und G verstehen** 57
Anleitung: Verhaltensdimensionen verstehen 60
Dominant 61
Initiativ 62
Stetig 63
Gewissenhaft 64

Vier Arten des Wahrnehmens und Handelns 65
Dominantes Verhalten 65
Initiatives Verhalten 65
Stetiges Verhalten 66
Gewissenhaftes Verhalten 66
Alle vier Verhaltensdimensionen auf einen Blick 67

❙ INTERPRETATIONSSTUFE 2 – Erfolgsstrategien entwickeln 69
Anleitung: Erfolgsstrategien entwickeln 72
Verhaltenstendenz 1/D 74
Verhaltenstendenz 2/I 78
Verhaltenstendenz 3/S 82
Verhaltenstendenz 4/G 85
Verhaltenstendenz 12/DI 88
Verhaltenstendenz 13/DS 91
Verhaltenstendenz 14/DG 94
Verhaltenstendenz 21/ID 97
Verhaltenstendenz 23/IS 101
Verhaltenstendenz 24/IG 104
Verhaltenstendenz 31/SD 107
Verhaltenstendenz 32/SI 110
Verhaltenstendenz 34/SG 113
Verhaltenstendenz 41/GD 116
Verhaltenstendenz 42/GI 119
Verhaltenstendenz 43/GS 122
Verhaltenstendenz 123/DIS 125
Verhaltenstendenz 124/DIG 128
Verhaltenstendenz 134/DSG 131
Verhaltenstendenz 234/ISG 134
Zustimmung 137
Auswertung: Erfolgsstrategien entwickeln 138

❙ INTERPRETATIONSSTUFE 3 – **Persönliche Überzeugungen** 141
Anleitung: Persönliche Überzeugungen kennenlernen 144
Auswertung: Persönliche Überzeugungen reflektieren 150

❙ INTERPRETATIONSSTUFE 4 – **Umgang mit Veränderungen** 153
Anleitung: Absichten unter die Lupe nehmen und Verhalten anpassen 157
Auswertung: Verhalten anpassen in 5 Schritten 160

❙ INTERPRETATIONSSTUFE 5 – **Umgang mit Stresspotenzial** 165
Anleitung: Stressintensität bestimmen 172
Auswertung: Ihre persönliche Vergleichsanalyse 173
Aktionsplan 175

❙ AUSBLICK – **Das Anwendungsspektrum des persolog® Persönlichkeits-Modells** 177
Trainings und Seminare auf Basis des Persönlichkeits-Modells 180
Spezielle Instrumente zur Vertiefung 180

❙ INTERVIEW MIT DR. JOHN G. GEIER – **3 Fragen an den „Vater" des persolog® Persönlichkeits-Modells** 183

EINFÜHRUNG
Warum Persönlichkeit?

Es ist Montagmorgen. Es riecht nach dem köstlichen Duft von frischem Kaffee. Wie zu Beginn jeder Woche haben Sie einige Mitarbeiter zu einem Meeting eingeladen, um mit Ihrem Team die anstehenden Aufgaben zu besprechen. Während die Mitarbeiter ihre Blicke auf Sie richten, fangen Sie an zu sprechen. Sie haben ein neues Projekt akquiriert und jetzt gilt es, die Aufgaben zu verteilen. Sie selbst wollen nur am Ende darüber schauen und brauchen deshalb eine Mannschaft, auf die Sie sich verlassen können.

Vier Mitarbeiter, vier Verhaltensweisen
Daniel D. bringt sich sofort als Projektleiter ins Spiel und möchte das Kommando übernehmen. Ines I. ist voller Begeisterung für das Projekt, will direkt loslegen und hat sogleich auch einige Ideen, wer alles mitmachen könnte, um zum Erfolg beizutragen. Sven S. hält sich zurück und hört aufmerksam zu. Dann meldet er sich zu Wort und fragt, ob mit dem Kunden bereits klare Vereinbarungen zu den Abläufen getroffen wurden. Gesine G. ist noch nicht richtig überzeugt, ob alle nötigen Aufgaben bis zum gewünschten Zeitpunkt überhaupt zu bewältigen sind. Sie schlägt vor, zunächst eine exakte Projektplanung zu erarbeiten.

Es geht um ein und dasselbe Projekt.
Doch jeder Mitarbeiter sieht andere Dinge und stellt andere Fragen.
Der Grund: Unterschiedliche Persönlichkeiten.

Jeder hat andere Fragen, andere Stärken und andere Engpässe. Als Führungskraft spüren Sie: Damit das Projekt ein Erfolg wird, müssen Sie Ihre Mitarbeiter entsprechend ihren individuellen Verhaltenstendenzen einsetzen – sonst ist die Gefahr groß, dass Frust und Konflikte entstehen. Damit wäre der Erfolg des Projekts gefährdet.

Menschen sind individuell – und zeigen doch ähnliche Tendenzen
Solche und ähnliche Fälle gibt es in jedem Unternehmen, in jeder Partnerschaft, in jeder Familie und in sonstigen Situationen. Immer, wenn Menschen zusammen sind, sind sie mit den Herausforderungen des unterschiedlichen Denkens und Handelns konfrontiert. Das kann, muss aber nicht zu Konflikten und Spannungen führen. Das persolog® Persönlichkeits-Profil wurde als Lösung für genau solche Situationen entwickelt. Anhand von 20 unterschiedlichen Verhaltenstendenzen – jeweils mit Stärken und Begrenzungen – lernen Sie, sich selbst und das Verhalten anderer Menschen besser einzuordnen. Wir Menschen haben natürliche Widerstände, wenn es darum geht, Menschen zu typisieren. Schließlich ist jeder Mensch ganz individuell. Und das ist auch gut so. Doch sie zeigen auch gewisse ähnliche Tendenzen.

Betrachten Sie die verschiedenen „Typen", die Verhaltenstendenzen,
als eine Möglichkeit, eine gemeinsame Sprache zu sprechen.

Wenn Sie und die Menschen in Ihrem Umfeld diese gemeinsame Verhaltens-Sprache beherrschen, wird das Persönlichkeits-Profil Ihnen immer dann helfen, wenn es darum geht, verschiedenes Verhalten zu verstehen. Indem Menschen das Verhalten von anderen Menschen verstehen und deuten lernen, werden sie dialogfähiger. Sie lernen, andere Verhaltenstendenzen nicht abzuwerten, sondern zu schätzen.

Das Persönlichkeits-Profil ist kein Test, denn Ihr Ergebnis ist immer und ausschließlich gut

Ausgangspunkt des persolog® Persönlichkeits-Profils ist ein Fragebogen, dessen Ergebnis in mehreren Stufen interpretiert wird. Durch die Interpretation sehen Sie, welche Verhaltenstendenz Sie in einer bestimmten Situation bevorzugen. Dabei gilt, dass mit *jeder* Verhaltenstendenz bestimmte Stärken, aber auch potenzielle Begrenzungen verbunden sind. Es gibt jedoch keine „falschen" oder „richtigen" Verhaltenstendenzen.

> *Das persolog® Persönlichkeits-Profil ist deshalb auch keine „Prüfung", es gibt keine „richtigen" oder „falschen" Antworten. Wer den Fragebogen erstellt und auswertet, kann also nicht „durchfallen".*

Machen Sie sich auf Ihre persönliche Entdeckungsreise

Wenn Sie den Fragebogen ausfüllen, Ihr Ergebnis auswerten und die Interpretationsstufen studieren, begeben Sie sich auf eine interessante Entdeckungsreise:

- Sie lernen die vier Verhaltensdimensionen kennen:
  Dominant (D), Initiativ (I), Stetig (S) und Gewissenhaft (G).
- Sie beschäftigen sich mit Ihrer persönlichen *Verhaltenstendenz-Mischung*.
- Sie befassen sich dabei unter anderem mit Aspekten wie persönliche Überzeugungen, Motivation, Umgang mit Stress und vielen anderen Details rund um die Persönlichkeit.
- Sie beschäftigen sich mit Konflikten, *Reaktion unter Druck* und erhalten Anregungen, wie Sie *mehr Effektivität* erzielen können.

Sie verbessern Ihre Menschenkenntnis

Beim Lesen des Buches lernen Sie sich nicht nur selbst besser kennen. Sie verbessern zugleich Ihre Menschenkenntnis. Wer begreift, dass sich Menschen über ganz unterschiedliche Auslöser motivieren lassen, wird nicht mehr alle über einen Kamm scheren, sondern individuelle Anreize schaffen. Wer einsieht, dass Menschen ganz verschiedene Bedürfnisse haben und beispielsweise unter Druck unterschiedlich reagieren, kann sein Handeln entsprechend seinem Gegenüber anpassen.

Der Traktor und der Rennwagen

Um dies bildlich zu beschreiben: Ein Traktor und ein Rennwagen haben zwar beide einen Motor, ein Getriebe, vier Räder etc. – aber sie wurden für völlig unterschiedliche Anforderungen geschaffen. Beide haben typische Eigenschaften, beide weisen spezifische Stärken und Schwächen auf. Und beide brauchen ein passendes Umfeld, um ihre Leistungsfähigkeit richtig ausspielen zu können. Ein Traktor, der sich auf den Nürburgring begibt, wird für die gut fünf Kilometer lange Runde eine kleine Ewigkeit brauchen. Bei der Formel 1 wäre die langsame Zugmaschine ein gefährliches Hindernis. Auf dem verregneten Ackerboden kommt der Traktor mit seinen großen Rädern dafür prima voran – während jeder Rennwagen hier schon nach wenigen Metern stecken bliebe.

Der Ursache auf den Grund gehen

Aus dieser Perspektive betrachtet gibt es auch keine „schlechten" Mitarbeiter. Es gibt vielmehr Mitarbeiter, die sich im falschen Umfeld bewegen bzw. mit der falschen Aufgabe betraut wurden und deswegen keine zufriedenstellenden Ergebnisse liefern können. Wie Prof. Dr. John Geier, der „Vater" des persolog® Persönlichkeits-Modells so treffend formulierte:

„Menschen werden wegen ihrer Fachkompetenz eingestellt und wegen ihrer Persönlichkeit entlassen." Sich Fachkompetenz anzutrainieren fällt Menschen in der Regel leichter, als ihre Persönlichkeit zu verändern. Umso wichtiger ist es, dass Menschen mit ihren Stärken genau zu den Anforderungen einer Stelle passen. So können sie nachhaltig erfolgreich werden.

Das Ziel: eine optimale Entfaltung

Wo die Stärken eines Menschen nicht mit den Anforderungen der Situation übereinstimmen, gerät die Arbeit ins Stocken, entstehen Reibungsverluste, werden Ressourcen verschwendet. Je besser Sie dagegen sich und andere mit ihren Stärken und Schwächen kennen, desto besser können Sie entscheiden, wie Sie sich selbst und andere zur optimalen Entfaltung bringen. Wo immer dies geschieht, wird das Ziel des Modells erreicht.

ZUM HINTERGRUND DES PERSOLOG®
PERSÖNLICHKEITS-MODELLS

Verhalten verstehen und gestalten

ZUM HINTERGRUND DES PERSOLOG® PERSÖNLICHKEITS-MODELLS
Verhalten verstehen und gestalten

Die theoretischen Vorarbeiten von William M. Marston

Die Entwicklungsgeschichte des persolog® Persönlichkeits-Profils geht über viele Jahrzehnte zurück. Sie reicht weit in das vergangene Jahrhundert. Viele Menschen haben durch ihr Wissen das heutige persolog® Persönlichkeits-Profil beeinflusst. Obwohl bis heute die 4 Grundtendenzen D, I, S und G bestehen, geht das Profil weiter über das hinaus. Hier kommt ein kurzer Überblick über die unterschiedlichen Einflüsse.

Zwei Unterschiede zwischen Menschen
Marston stellte fest, dass sich Menschen grundsätzlich in zwei Hinsichten unterscheiden:
- Menschen können sich gegenüber der Umwelt als stärker oder als schwächer einschätzen.
- Menschen können ihre Umwelt als ihnen freundlich bzw. als feindlich gesonnen wahrnehmen.

Auf der Grundlage dieser Unterscheidungen entwickelte Marston ein System zum Verständnis und zur Beschreibung menschlichen Verhaltens.

Vier Verhaltensdimensionen

Bei seinen Forschungen begann Marston Muster zu erkennen, die auf verschiedene Verhaltensdimensionen schließen ließen. Diese grundsätzlichen Verhaltensdimensionen bezeichnen wir heute als
- **Dominant (D)**,
- **Initiativ (I)**,
- **Stetig(S)** und
- **Gewissenhaft (G)**.

Aus den Polen freundlich – feindlich sowie stärker – schwächer ergibt sich ein Koordinatensystem, in das sich die vier Verhaltensdimensionen einordnen lassen:

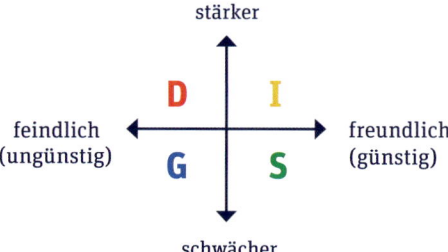

Günstig oder ungünstig
- *in ihrer jeweiligen Wahrnehmung der Umwelt:*
  - Menschen mit einer ausgeprägt *dominanten* oder *gewissenhaften* Verhaltensdimension haben gemeinsam, dass beide ihre Umgebung eher als ungünstig wahrnehmen. Sie verhalten sich daher eher verschlossen.
  - Menschen mit einer ausgeprägt *initiativen* oder *stetigen* Verhaltensdimension stimmen darin überein, dass sie ihre Umgebung eher als günstig erleben. Sie wirken daher offen und aufnahmebereit auf andere.

Stärker oder schwächer
I *in der Wahrnehmung ihrer selbst innerhalb ihres Umfeldes:*
   – Menschen, deren Handeln von ausgeprägt *dominanten* oder *initiativen* Verhaltensdimensionen gekennzeichnet ist, fühlen sich selbst stärker als ihre Umgebung. Für sie ist es selbstverständlich, diese Umgebung, also Menschen und Situationen, zu prägen und zu beeinflussen.
   – Menschen mit ausgeprägt *stetigen* oder *gewissenhaften* Verhaltensdimensionen nehmen sich dagegen weniger stark als ihre Umgebung wahr. Sie versuchen, unter den bereits bestehenden Bedingungen innerhalb ihrer Umgebung erfolgreich zu arbeiten.

Der Gebrauch der Begriffe *günstig* bzw. *ungünstig* und *stärker* bzw. *schwächer* darf allerdings nicht zu einem Fehlschluss führen. Menschen, die ihre Umwelt als günstig wahrnehmen und sich selbst als stärker einschätzen, haben nicht zwangsläufig mehr Erfolg als Menschen, die ihre Umwelt als ungünstig erleben und sich selbst schwächer fühlen.

Daraus ergeben sich folgende Schlüsse:

Dominant
I Menschen mit einer ausgeprägt *dominanten* Verhaltensdimension sehen die Herausforderungen, die es zu überwinden gilt, wobei sie sich für stärker halten als diese Herausforderungen. Sie versuchen Dinge zu ändern oder zu steuern.

Initiativ
I Menschen mit einer ausgeprägt *initiativen* Verhaltensdimension versuchen andere zu beeinflussen, weil sie das Gefühl haben, in einer günstigen Umwelt stark zu sein.

Stetig
I Menschen mit einer ausgeprägt *stetigen* Verhaltensdimension wollen ein günstiges Umfeld bewahren, weil sie sich als weniger stark als ihre Umwelt wahrnehmen und daher große Veränderungen scheuen.

Gewissenhaft

I Menschen mit einer ausgeprägt *gewissenhaften* Verhaltensdimension nehmen sich selbst als weniger stark in einer ungünstigen Umwelt wahr. Deshalb versuchen sie, die Dinge sorgfältig zu analysieren und arbeiten daran, hohe Standards zu erreichen.

Der Erfolg hängt nicht davon ab,
welche Verhaltensdimension vorherrscht.

Entscheidend ist, ob sich ein Mensch selbst gut kennt, andere versteht und sein Handeln an den Erfordernissen der Situation ausrichten kann. Menschen mit einer ausgeprägt initiativen Verhaltensdimension erleben ihre Umwelt eher als günstig und fühlen sich selbst stärker als ihre Umgebung. Wenn sie jedoch *zu* impulsiv handeln oder Risiken zu optimistisch einschätzen, ist die Grenze zu unbedachtem Handeln schnell überschritten. Im schlimmsten Fall zieht dies entsprechend negative Konsequenzen nach sich. Menschen mit einer ausgeprägt gewissenhaften Verhaltensdimension bleiben von solchen Konsequenzen dagegen meist verschont, weil sie die Zusammenhänge vor dem Treffen ihrer Entscheidung gründlich analysieren. Hier liegen die Gefahren woanders: Wer *zu* gründlich ist und befürchtet, Fehler zu machen, verstrickt sich schnell in Details, ohne zu einer Entscheidung zu kommen. Sie sehen: Es kommt darauf an, sich in Bezug auf die jeweilige Situation *angemessen* zu verhalten.

Es gibt keine besseren oder schlechteren Verhaltensdimensionen,
doch eine Stärke kann zur Schwäche werden.

Für alle Verhaltenstendenzen gilt: Wenn eine Eigenschaft zu sehr betont wird, kann sie in den Augen anderer zur Schwäche werden:

I Wer aus seiner Sicht anspruchsvoll und selbstbewusst ist, kann bei Überbetonung aus einer anderen Perspektive betrachtet überfordernd und arrogant wirken.

I Wer aus seiner Sicht emotional und ideenreich ist, kann bei Überbetonung aus einer anderen Perspektive betrachtet unsachlich und sprunghaft wirken.

- Wer aus seiner Sicht loyal und geduldig ist, kann bei Überbetonung aus einer anderen Perspektive betrachtet unterwürfig und ausnutzbar wirken.
- Wer aus seiner Sicht genau und beherrscht ist, kann bei Überbetonung aus einer anderen Perspektive betrachtet pedantisch und unbeteiligt wirken.

Von der Theorie zur praktischen Anwendung

Basierend auf den theoretischen Vorarbeiten von Marston entwickelte der US-amerikanische Verhaltenswissenschaftler Dr. John G. Geier 1958 die Urform des persolog® Persönlichkeits-Profils. Geier entwickelte den Fragebogen, bei dem der Anwender aus 24 Wortgruppen von je vier Begriffen jeweils einen auswählen muss (Format der erzwungenen Wahl).

Diese Form des Fragebogens hat sich bis heute bewährt, denn
- sie gewährleistet eine einheitliche Arbeitsmethodik,
- sie schließt die „Tendenz zur Mitte" aus,
- durch sie werden Abweichungen im Beantwortungsstil vermieden.

Bis heute ist die Wahrnehmung Grundlage für das persolog® Persönlichkeits-Profil
Grundlage des persolog® Persönlichkeits-Profils ist bis heute die Frage nach der Wahrnehmung des Umfeldes sowie der Reaktion auf das Umfeld.

Die menschliche Wahrnehmung spielt beim persolog® Persönlichkeits-Modell damit eine entscheidende Rolle.

Die Pole zur Beschreibung der Wahrnehmung des Umfeldes freundlich – feindlich wurden ersetzt durch die Pole *angenehm* bzw. *nicht stressig* sowie *anstrengend* bzw. *stressig*. Hinsichtlich der Reaktion auf das Umfeld wurden die Pole stärker – schwächer ersetzt durch die Pole *bestimmt* und *zurückhaltend*.

Hieraus ergeben sich die folgenden vier Quadranten (siehe Abbildung auf der nächsten Seite):

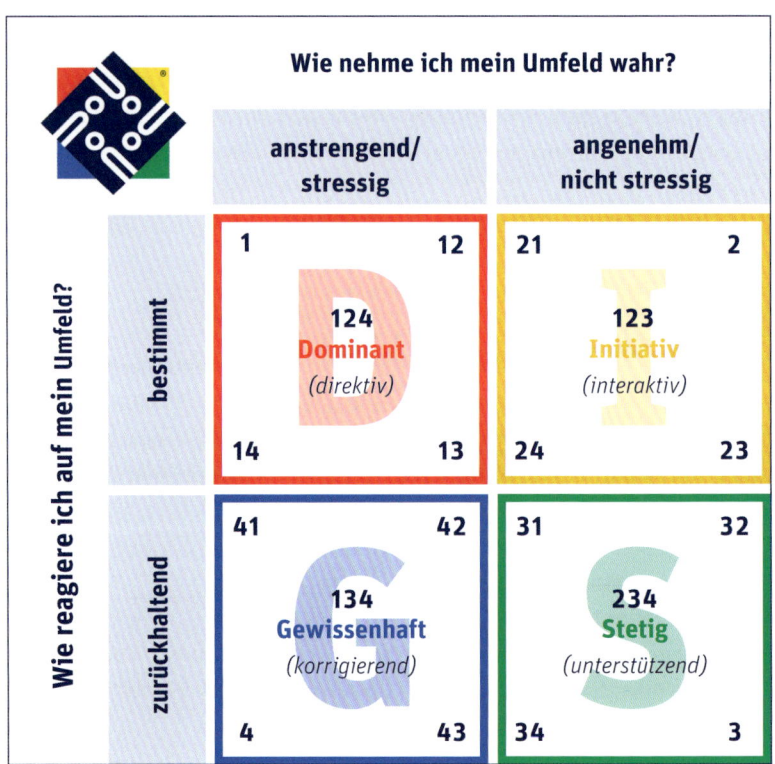

Das persolog® Persönlichkeits-Modell mit seinen 4 Dimensionen D, I, S und G sowie 20 Kennzahlen.

D, I, S und G: Die Mischung macht es!

Mit dem persolog® Persönlichkeits-Profil kann der Anwender situationsbezogen feststellen, welche Anteile an jedem Quadranten seine Persönlichkeitsstruktur aufweist. Es geht also nicht darum herauszufinden, ob man ein D-, I-, S- oder G-„Typ" ist – wer das versucht, der greift zu kurz. Denn einzelne Verhaltensdimensionen können zwar stark ausgeprägt sein, aber jeder Mensch weist Anteile aller vier Verhaltensdimensionen auf.

Die vier Quadranten des Modells
Beim persolog® Persönlichkeits-Profil geht es um die Frage, welche Anteile in welcher Kombination in einer bestimmten Situation vorherrschen. Damit ist das persolog® Persönlichkeits-Modell weit komplexer, als es auf den ersten Blick scheint.

Welchen Nutzen bietet das persolog® Persönlichkeits-Profil?

Das persolog® Persönlichkeits-Profil ermöglicht Ihnen aussagekräftige Erkenntnisse über Sie selbst und über andere Menschen. Was heißt das im Einzelnen?

Sich selbst besser verstehen
Die Auswertung Ihres persolog® Persönlichkeits-Profils hilft Ihnen zunächst, sich selbst besser zu verstehen. Nur wenn Sie sich Ihrer Stärken und Schwächen bewusst sind, können Sie sich auf Ihre eigenen Bedürfnisse, auf die anderer und auf die Ihrer Umgebung einstellen.

Je besser Sie sich selbst verstehen, desto wirksamer können Sie sich selbst steuern. Auf der Basis dieser Kenntnisse können Sie gezielter selbstorganisiert lernen und Strategien für größere Effektivität entwickeln. Dann wissen Sie auch, was andere Menschen tun sollten, um Sie am besten zu entwickeln, zu motivieren und zu unterstützen.

Andere Menschen besser begreifen
Das persolog® Persönlichkeits-Profil hilft Ihnen, nicht nur sich selbst, sondern auch andere Menschen besser zu verstehen. Wenn Sie die bevorzugte Verhaltenstendenz einer anderen Person erkennen, können Sie Ihr eigenes Verhalten darauf abstimmen. Verständnis und Anpassung verringern Konflikte und verstärken die Wirkung der Zusammenarbeit.

Wer das Modell kennt, hat es auch leichter, Personen und deren Verhalten zu trennen. Wo notwendige Kritik aufgabenbezogen geäußert wird, verletzt sie weniger, als wenn sie auf den Menschen selbst zielt.

Basis für Führungskräfteentwicklung

Das persolog® Persönlichkeits-Profil kann von Unternehmen zudem eingesetzt werden, um die Führungskräfteentwicklung auf ein stabiles Fundament zu setzen. Eine Führungskraft muss

- dialogfähig sein und ihre Mitarbeiter „abholen" können. Dialogfähigkeit setzt Einsichten in die eigene bevorzugte Handlungsweise und Motivation sowie in die Verhaltenstendenzen der Mitarbeiter voraus;
- darüber informiert sein, welche Mitarbeiter welches Potenzial haben und welcher Kompetenzbedarf besteht;
- wissen, wie sie welchen Mitarbeiter gewinnen und motivieren kann und wer die richtige Person für das erfolgreiche Bewältigen einer anstehenden Aufgabe ist.

Korrekt eingesetzt, ermöglicht das persolog® Persönlichkeits-Profil Aussagen zu allen genannten Aspekten.

Nutzen für Einzelanwender

- Die Anwender lernen sich und andere besser zu verstehen.
- Führungskräfte können die Stärken von Mitarbeitern besser erkennen und fördern.
- Die Anwender können wirksamer mit anderen kommunizieren.
- Konfliktpotenziale lassen sich einfacher erkennen.
- Das persolog® Persönlichkeits-Profil liefert Vorschläge zur persönlichen Leistungssteigerung.
- Wer sich mit dem Modell auseinandersetzt, lernt die Andersartigkeit anderer Menschen zu respektieren und zu schätzen.

Nutzen für Unternehmen

- Die Mitarbeiter übernehmen neue Aufgaben mit größerem Erfolg.

- Das Unternehmen kann Teams nach individuellen Stärken zusammensetzen.
- Mit den Begriffen D, I, S, und G des Modells lässt sich eine gemeinsame Sprache als Basis besseren Verstehens entwickeln.
- Konflikte werden entpersonalisiert.
- Die Leistungspotenziale der Mitarbeiter lassen sich gezielter erkennen und fördern.

Kompetenzen erkennen und ausbauen mit den Verhaltensdimensionen D, I, S und G

Fachkompetenz allein reicht nicht

Wer die Bedeutung von Methoden- und Sozialkompetenzen mit der von Fachkompetenzen vergleicht, stellt schnell fest: Erstere werden immer wichtiger. Die Ursache liegt auf der Hand: In einer dynamischen Gesellschaft veraltet Fachwissen rasch, womit zugleich die in Ausbildung und Studium erworbenen fachlichen Qualifikationen entwertet werden. Daher wird heute mehr als Fachkompetenz verlangt.

Das persolog® Persönlichkeits-Profil macht es möglich, einzelne Kompetenzen auf der Basis situativen, beobachtbaren Verhaltens zu identifizieren und zu reflektieren. Zu diesen Kompetenzen gehören beispielsweise
- Teamfähigkeit,
- Führungsfähigkeit,
- Umgang mit Konflikten,
- Analysefähigkeit und
- Flexibilität.

Ziel des persolog® Persönlichkeits-Profils ist es, eine Art Metawissen zu erlangen, das den Anwender befähigt,
- über das eigene Verhalten in konkreten Situationen nachzudenken und
- durch die gewonnenen Erkenntnisse flexibler auf neue Situationen zu reagieren.

Anpassungsfähigkeit erhöhen

Die Reflexion über das eigene Verhalten soll außerdem die Anpassungsfähigkeit an Menschen mit anderen bevorzugten Verhaltenstendenzen erhöhen. Die Begriffe D, I, S und G des Modells liefern dazu eine gemeinsame Kommunikationsbasis, auf der auch sehr unterschiedliche Persönlichkeiten über das gegenseitig wahrgenommene Verhalten ins Gespräch kommen und Wege zum besseren gegenseitigen Verständnis erarbeiten können.

Daneben verdeutlicht das persolog® Persönlichkeits-Profil die Gefahrenpotenziale (Übertreibung einzelner Eigenschaften) des Anwenders und liefert Hinweise auf persönliche Strategien, wie er künftig erfolgreicher agieren, reagieren und interagieren kann.

Im Jahr 2003 veröffentlichten der Organisations- und Wirtschaftspsychologe Lutz von Rosenstiel und der Experte für betriebliche Weiterbildungsforschung John Erpenbeck das „Handbuch Kompetenzmessung" (Stuttgart: Schäffer-Poeschel). Darin untersuchten sie Kompetenzmessverfahren und berücksichtigten auch das persolog® Persönlichkeits-Profil.

D, I, S, G verbessert Kompetenzen

Erpenbeck/v. Rosenstiel unterscheiden vier Kompetenzklassen. Zu jeder dieser Klassen leistet das persolog® Persönlichkeits-Profil Beiträge, denn der Anwender

- steigert durch Selbstkenntnis und durch die Auseinandersetzung mit den Inhalten seine *Persönlichkeitskompetenz,*
- verbessert in der Interaktion mit anderen seine *Sozialkompetenz,*
- hebt durch das Wissen um die Unterschiede und Strategien für den Umgang mit verschiedenen Menschen und Aufgaben seine *Fachkompetenz,*
- begegnet durch die Anwendung der richtigen Strategie unterschiedlichen Menschen angemessener und wendet so seine *Methodenkompetenz* an (vgl. Erpenbeck/v. Rosenstiel 2003, S. 506).

Ergebnis der vergleichenden Darstellung durch Erpenbeck/v. Rosenstiel ist, dass das persolog® Persönlichkeits-Profil

- hinsichtlich der Kompetenzbeobachtung mit objektiven Methoden arbeitet und
- mit Blick auf die Kompetenztypen sowohl die Selbststeuerungssicht als auch die Selbstorganisationssicht berücksichtigt.

Hinweise zu vier Kompetenzgruppen

Das persolog® Persönlichkeits-Profil ermöglicht dabei, neben Aussagen zu den vier Kompetenzklassen, auch Hinweise zu den vier Kompetenzgruppen, die die beiden Herausgeber unterscheiden:
- Kompetenzen als Kommunikationsvoraussetzung,
- Kompetenzen als Quasi-Qualifikationen,
- Kompetenzen als Tätigkeits- (Arbeits-) Dispositionen,
- Kompetenzen als Persönlichkeitseigenschaften.

Damit erweist sich das persolog® Persönlichkeits-Profil als leistungsfähiger im Vergleich zu anderen durch Erpenbeck/v. Rosenstiel untersuchten Kompetenzmessverfahren.

Reliabilität und Validität: Das persolog® Persönlichkeits-Modell wurde mehrfach untersucht

Bei der Beantwortung der Frage, ob das persolog® Persönlichkeits-Profil vertrauenswürdig ist, geben konkrete wissenschaftliche Kriterien den Ausschlag: die Reliabilität und die Validität des Ergebnisses. Sind die Vorhersagen für das Verhalten zuverlässig und gültig, zeigt dies, dass das Modell „funktioniert". Was sind Reliabilität und Validität: Stellen Sie sich eine Zielscheibe vor, vor der ein geübter Schütze steht. Der Schütze feuert mehrere Schüsse ab und zielt dabei jedes Mal genau auf die Mitte der Scheibe. Wenn sich die Einschusslöcher trotz ruhiger Hand und exakten Zielens auf der gesamten Scheibe verteilen, hat die Waffe einen Defekt. Zuverlässige Vorhersagen sind nicht möglich. Ob der Schütze trifft, ist Zufall. Auf ein Modell übertragen heißt das: Es besitzt weder Reliabilität noch Validität und ermöglicht keine sinnvollen Prognosen.

Das Gegenteil ist der Fall. Wenn der Schütze jedes Mal, wenn er ins Schwarze zielt, auch sicher trifft, dann ist das Visier präzise eingestellt und man kann mit einer gewissen Sicherheit vorhersagen, dass der Schütze sein Ziel auch mit dem nächsten gezielten Schuss treffen wird. Für ein Modell heißt dies, dass es zuverlässige und gültige Aussagen ermöglicht.

Stellen Sie sich nun folgenden Fall vor: Jeder ins Schwarze gezielte Schuss trifft die Zielscheibe an ziemlich genau derselben Stelle – die aber weit am Rand der Scheibe liegt. Dann ist das Visier nicht richtig eingestellt. In diesem Fall spricht man bei Modellen davon, dass sie zwar Reliabilität, aber keine Validität besitzen. Es sind offenbar Vorhersagen möglich, aber sie „treffen nicht ins Schwarze". Um gültige Prognosen zu bekommen, müsste man das Ergebnis sozusagen immer in dieselbe Richtung abwandeln. Darum reicht die Untersuchung der Reliabilität allein nicht aus – ein Modell muss auch immer valide sein.

Konstruktvalidität

Um Erkenntnisse über die *externe* Validität des Modells zu bekommen, sollte eine Persönlichkeitstypologie darüber hinaus mit anderen bereits validierten Persönlichkeitstypologien abgeglichen werden. Dabei muss sich die eigene Typologie mit den anderen Modellen eindeutig auf Gegenseitigkeit bestätigen (signifikante Korrelation). Man spricht dann von einer Konstruktvalidität.

Was das bedeutet, macht der Vergleich des persolog® Persönlichkeits-Profils mit einer Landkarte deutlich: Das Verhältnis vom persolog® Persönlichkeits-Profil zu anderen validen Modellen lässt sich vergleichen mit verschiedenen Landkarten, die alle dasselbe Gebiet zeigen. Die eine Karte stellt das Gebiet politisch dar, die andere physikalisch, die dritte gibt Auskunft über die Bevölkerungsdichte, die vierte über die jährliche Regenmenge und so weiter. Wer nun im persolog® Persönlichkeits-Profil als *unterstützend* „verortet" wird, kommt auch bei einem anderen validen Modell zu diesem Ergebnis.

Untersuchungen der amerikanischen Fassung konnten die Konstruktvalidität belegen. Unter anderem wurde das persolog® Persönlichkeits-Profil mit dem API (Adult Personality Profile von Cattel), dem WAIS (Wechsler Adult Intelligence Scale), dem MBTI® (Myers-Briggs Type Indicator) und dem MMPI (Minnesota Multiphasing Personality Inventory) untersucht.

Ergänzende Forschungen
Ergänzend zu diesen Forschungen wurden sämtliche Items des persolog® Persönlichkeits-Profils mit wissenschaftlichen Methoden untersucht und verschiedene Reliabilitäts- und Validitätsuntersuchungen durchgeführt. Die wichtigsten waren:
- 1992: „A Study of the Constructs in the Personal Profile System"
- 1996: „The Personal Profile System 2800 Series"
- 1999: „Focus Point Research Report"

Das persolog® Persönlichkeits-Profil hat sich bei diesen Untersuchungen als valide erwiesen. Das heißt: Der Anwender des persolog® Persönlichkeits-Profils erhält eine zutreffende Beschreibung seiner Verhaltenstendenzen. Aufgrund der Studienergebnisse können wir davon ausgehen, dass 90 bis 95 Prozent der Teilnehmer ihrem Profil zustimmen werden.

Die US-amerikanischen Forschungsergebnisse flossen in die Entwicklung der deutschen Version des persolog® Persönlichkeits-Profils ein. Das deutschsprachige persolog® Persönlichkeits-Profil wurde 1994, 1997 sowie 2000 statistisch überprüft; eine weitere Studie ist derzeit in Arbeit.

Das Wiederholen der Untersuchungen ist unter anderem nötig, weil das persolog® Persönlichkeits-Profil mit Sprache arbeitet. Die Bedeutungszuweisungen einzelner Begriffe verändern sich aber im Laufe der Zeit. Zudem wird mit jeder Änderung des Fragebogens eine neue statistische Untersuchung notwendig. Diese muss für jede Sprache, in der das persolog® Persönlichkeits-Profil herausgegeben wird, separat durchgeführt werden.

Die deutsche Fassung des persolog® Persönlichkeits-Profils wurde für Menschen im Erwerbsalter in ihrem Umfeld am Arbeitsplatz überprüft. Um die Reliabilität jeder Skala zu bestimmen, wurde unter anderem das als „Cronbachs Alpha Koeffizient" bekannte Verfahren zur Berechnung der inneren Konsistenz der Instrumente eingesetzt. Das Ergebnis beschreibt den Grad der Interkorrelation zwischen den Items der einzelnen Skalen. Daraus wird erkennbar, ob alle Items auf einer bestimmten Skala genau dasselbe messen.

Hohe Konsistenz
Hinsichtlich der Reliabilität ergab sich, dass die internen Konsistenzkoeffizienten der Primärfaktoren zwischen .82 und .92 liegen und somit insgesamt für eine hohe Präzision der Messung von Persönlichkeitseigenschaften auf dem Niveau der Primärfaktoren sprechen.

Ein Vergleich der sprachspezifischen Untersuchungsergebnisse zeigt, dass die statistischen Messungen der US-amerikanischen, der deutschen und der mexikanischen Version über Sprachgrenzen hinweg zu Resultaten führen, die sich sehr stark ähneln. Dies betrifft Aspekte wie Reliabilität, Item-Skalen-Korrelation, Interskalen-Korrelation sowie die Score-Konfiguration.

Wer mehr über die statistische Fundierung des persolog® Persönlichkeits-Profils erfahren möchte, kann sich direkt an persolog® wenden.

IHR PERSOLOG®
PERSÖNLICHKEITS-PROFIL

Der original Fragebogen

IHR PERSOLOG® PERSÖNLICHKEITS-PROFIL
Der original Fragebogen

Mit dem Fragebogen ermitteln Sie, mit welcher Intensität die Verhaltensdimensionen D, I, S und G bei Ihnen ausgeprägt sind. Ergebnis sind drei individuelle Diagramme, die Sie anschließend interpretieren werden. Die drei Diagramme visualisieren verschiedene Aspekte Ihres persolog® Persönlichkeits-Profils.

Umfeld festlegen
Wenn Sie den Fragebogen bearbeiten, beachten Sie, dass Menschen nicht immer nach ein und demselben Muster agieren und reagieren, sondern abhängig von der jeweiligen Situation und den beteiligten Personen unterschiedlich handeln. Wenn Sie Ihr persolog® Persönlichkeits-Profil erstellen, sollten Sie daher zunächst festlegen, für welches Umfeld bzw. für welche Rolle oder welche konkrete Situation Sie den Fragebogen erstellen.

Legen Sie jetzt fest, für welches Umfeld Sie den Fragebogen ausfüllen.

Name: _____

Umfeld: _____
(z.B. Ich als Teamleiter, Servicemitarbeiter, im Verein, als Partner)

Datum: _____

Hinweis: _____

Prinzipiell ist es möglich, das persolog® Persönlichkeits-Profil mehrfach auszufüllen – jeweils mit Blick auf ein anderes Umfeld. Zum Beispiel für die Rolle als Teamleiter, für das Umfeld einer Verhandlung mit Kunden oder auch für das private Umfeld als Ehepartner oder Elternteil.

Beim Bearbeiten des Fragebogens sollten Sie das gewählte Umfeld stets vor Augen haben. Tragen Sie es daher bitte auch in die Zeile „Umfeld" auf den Seiten 43 und 45 des Fragebogens ein.

Der original Fragebogen besteht aus zwei Teilen:
- Der erste Teil enthält 24 Kästen mit Kurzsätzen, die Ihr Verhalten im gewählten Umfeld am ehesten beschreiben.
- Der zweite Teil enthält 24 Kästen mit Begriffen, die widerspiegeln, wie Sie sich im gewählten Umfeld am wenigsten empfinden.

Beide Teile sind mit Blick auf dasselbe Umfeld zu bearbeiten.

Teil 1: „Am ehesten"

Gehen Sie folgendermaßen vor, um den Fragebogen „Am ehesten" auszufüllen:
- Auf den Seiten 42 und 43 finden Sie 24 Kästen. In jedem der 24 Kästen befinden sich vier Kurzsätze.
- Beginnen Sie mit dem ersten Kasten. Lesen Sie sich alle vier Kurzsätze mit Blick auf das gewählte Umfeld aufmerksam durch.
- Entscheiden Sie sich für denjenigen Kurzsatz, von dem Sie denken, dass er Ihr Verhalten im gewählten Umfeld „am ehesten" beschreibt.
- Rubbeln Sie mit einer Münze das zugehörige Feld frei. Rubbeln Sie pro Kasten stets nur ein einziges Feld frei (siehe Beispiel für Teil 1).
- Bearbeiten Sie nun die anderen 23 Kästen in derselben Weise. Überspringen Sie dabei keinen Kasten.

Die Ergebnisse des persolog® Persönlichkeits-Profils sind genauer, wenn Sie dem ersten Eindruck folgen, statt lange über die Antwort nachzudenken. Dies gilt auch für den Fragebogen „Am wenigsten".

Beispiel für Teil 1:
Was beschreibt
Sie am ehesten?

1	
im Umgang mit anderen bin ich verständnisvoll	
ich neige dazu, Schwierigkeiten zu erwarten	
ich bin entscheidungsfreudig	**D**
ich reagiere schnell und lebhaft	

Mit einer Münze freirubbeln.

Teil 2: „Am wenigsten"

Gehen Sie folgendermaßen vor, um den Fragebogen „Am wenigsten" auszufüllen:

- Auf den Seiten 44 und 45 finden Sie 24 Kästen. In jedem der 24 Kästen befinden sich vier Begriffe.
- Beginnen Sie mit dem ersten Kasten. Lesen Sie sich alle vier Begriffe mit Blick auf das gewählte Umfeld aufmerksam durch.
- Entscheiden Sie sich für denjenigen Begriff, der widerspiegelt, wie Sie sich im gewählten Umfeld „am wenigsten" empfinden.
- Rubbeln Sie mit einer Münze das zugehörige Feld frei. Rubbeln Sie pro Kasten stets nur ein einziges Feld frei (siehe Beispiel für Teil 2).

Beispiel für Teil 2:
Was beschreibt
Ihre Empfindungen
am wenigsten?

1	
geduldig	**S**
vorhersehbar	
souverän	
redselig	

Mit einer Münze freirubbeln.

Das sind Ihre 3 Ausfüll-Schritte:

Schritt 1: Entscheiden Sie sich für eine von vier Aussagen.
Schritt 2: Rubbeln Sie mit einer Münze den Kasten hinter dieser Aussage frei.
Schritt 3: Verfahren Sie so für alle 48 Wortgruppen auf Seite 42 bis 45.

Ihr persolog® Persönlichkeits-Profil – Der original Fragebogen

Fragebogen „Am ehesten"

Wählen Sie denjenigen Kurzsatz aus, der Ihr Verhalten im gewählten Umfeld „am ehesten" beschreibt, und rubbeln Sie das zugehörige Feld mit einer Münze frei.

1
- im Umgang mit anderen bin ich verständnisvoll
- ich neige dazu, Schwierigkeiten zu erwarten
- ich bin entscheidungsfreudig
- ich reagiere schnell und lebhaft

2
- ich bin gesprächig
- ich bin schüchtern
- ich übernehme eine tonangebende Rolle
- ich bin umgänglich

3
- ich bin spontan
- ich strebe danach, alles mir Mögliche zu erreichen
- ich bin taktvoll
- ich erreiche durch Freundlichkeit mein Ziel

4
- ich bin temperamentvoll
- ich gebe leicht nach
- ich bringe anderen Vertrauen entgegen
- meinen Willen durchzusetzen fällt mir leicht

5
- ich schließe mich anderen an
- ich bin zielstrebig
- ich halte mich an Standards
- ich habe Spaß, mit anderen zu sprechen

6
- ich bin ein Mensch der Tat
- ich habe Sinn für schöne Dinge
- ich bin immer für einen Scherz zu haben
- mich in andere einzufühlen fällt mir leicht

7
- ich setze Komplimente gekonnt ein
- ich bin diszipliniert
- ich bin hilfsbereit
- ich bleibe hartnäckig

8
- ich bin anmutig
- ich bin begeisterungsfähig
- ich bin pflichtbewusst
- ich tue anderen einen Gefallen

9
- ich bin offen für Ideen
- ich bin warmherzig
- ich nehme die Sache in die Hand
- ich bin zufrieden

10
- ich mache, was ich will
- ich bin diplomatisch
- ich achte auf die Bedürfnisse anderer
- ich bin unterhaltsam

11
- ich bin lebenslustig
- ich bin zielorientiert und effizient
- ich bin zurückhaltend
- ich organisiere und setze um

12
- ich bekomme viel Lob
- ich bin weichherzig
- ich sage die Dinge, wie sie sind
- ich bin friedliebend

Umfeld: _____

(von Seite 39 übertragen)

13
- ich gehe Risiken ein
- ich bin meist gut gelaunt
- ich strebe nach Perfektion
- ich hänge an meinen Gewohnheiten

14
- ich halte mich an die Regeln
- ich bin wettbewerbsorientiert
- ich liebe die Abwechslung
- ich komme gut mit anderen aus

15
- ich bin großzügig
- ich zögere meinen Ärger auszudrücken
- ich lache viel
- ich bin entschlusskräftig

16
- ich mag viele Menschen um mich
- ich teile gerne
- ich neige dazu, das zu machen, was andere wollen
- ich trete bestimmt auf

17
- ich bin korrekt und genau
- ich bin selbstsicher
- ich bin kollegial und freundlich
- ich bin emotionsgeladen

18
- ich habe viele Ideen
- ich will gewinnen
- ich denke nach, bevor ich etwas sage
- anderen bringe ich Respekt entgegen

19
- ich bin aufgeschlossen
- ich setze mich für meine Prinzipien ein
- ich neige dazu, meine Meinung zurückzuhalten
- ich gehe freundlich mit anderen um

20
- ich bin analytisch
- ich will was erleben
- ich bin anderen gegenüber aufrichtig
- es fällt mir leicht, Entscheidungen zu treffen

21
- ich plane detailliert
- ich bin willensstark
- ich bin kontaktfreudig
- ich vergebe das Geschehene

22
- ich blicke optimistisch in die Zukunft
- mich zufriedenzustellen fällt schwer
- ich bin selbstbeherrscht
- ich bin höflich und zuvorkommend

23
- ich habe keine Probleme mich unterzuordnen
- ich verteile gerne Lob an andere
- ich bin gesellig
- ich übernehme gerne die Initiative

24
- ich strebe nach Erfolg
- ich denke das Beste von anderen
- ich bin ordentlich
- ich tue Dinge mit viel Spaß und Elan

Fragebogen „Am wenigsten"

Wählen Sie denjenigen Begriff aus, der Ihre Empfindungen im gewählten Umfeld „am wenigsten" beschreibt, und rubbeln Sie das zugehörige Feld mit einer Münze frei.

1
- geduldig
- vorhersehbar
- souverän
- redselig

2
- einfallsreich
- nachdrücklich
- warmherzig
- bescheiden

3
- inspirierend
- autonom
- ehrgeizig
- kooperativ

4
- positiv
- anpassungsfähig
- direkt
- vorsichtig

5
- durchsetzungsfähig
- sachgerecht
- unbeschwert
- angenehm

6
- arrogant
- verspielt
- fürsorglich
- systematisch

7
- unterstützend
- selbstinszenierend
- kritisch
- risikobereit

8
- überredend
- tolerant
- aufgeschlossen
- vernünftig

9
- unterhaltsam
- sorgfältig
- unerschrocken
- hilfsbereit

10
- umgänglich
- bestimmt
- lebhaft
- genau

11
- mutig
- verständnisvoll
- lernwillig
- locker

12
- zuvorkommend
- anpassend
- fröhlich
- dynamisch

Umfeld: _____

(von Seite 39 übertragen)

13
- gutmütig
- selbstsicher
- gesellig
- gehorsam

14
- anerkannt
- respektvoll
- pflichtbewusst
- sympathisch

15
- stark
- ruhig
- vertrauensvoll
- diplomatisch

16
- freundlich
- tonangebend
- pünktlich
- überzeugend

17
- kühn
- zufrieden
- friedliebend
- enthusiastisch

18
- kontaktfreudig
- aufpassend
- fordernd
- rücksichtsvoll

19
- attraktiv
- loyal
- prinzipientreu
- willensstark

20
- sanftmütig
- charmant
- unsicher
- tatkräftig

21
- kommunikativ
- ausgleichend
- entscheidungsfreudig
- strikt

22
- zurückhaltend
- nachsichtig
- glücklich
- urteilsstark

23
- spontan
- ordentlich
- hartnäckig
- nett

24
- gesprächig
- präzise
- energisch
- aufrichtig

Auswertung

So füllen Sie die Auswertungsbox I aus

- Nach dem Rubbeln sehen Sie auf den Seiten 42 und 43 („am ehesten") verschiedene Buchstaben abgebildet; in jedem der 24 Kästchen befindet sich einer.
- Zählen Sie, wie häufig die einzelnen Buchstaben vorkommen.
- Zunächst füllen Sie in der Auswertungsbox das obere Feld aus. Tragen Sie die Anzahl des Buchstaben N („am ehesten") in das Kästchen N ein (siehe Beispiel).
- Verfahren Sie genauso mit den Buchstaben D, I, S und G.
- Rechnen Sie nach, ob Sie richtig gezählt haben: Die Summe aller eingetragenen Zahlen muss 24 ergeben.
- Nun füllen Sie das mittlere Feld aus. Gehen Sie bei der Rubrik „am wenigsten" (auf den Seiten 44 und 45) genauso vor wie bei der Auswertung des Bereichs „am ehesten".
- Schließlich füllen Sie jetzt das untere Feld aus. Ziehen Sie die Punktzahlen in den „Am wenigsten"-Kästchen von den Punktzahlen in den „Am ehesten"-Kästchen ab.
- Tragen Sie das Ergebnis unter Verwendung der Vorzeichen plus und minus in die jeweiligen Kästchen ein.

*Beispiel:
So füllen Sie die Auswertungsbox I aus*

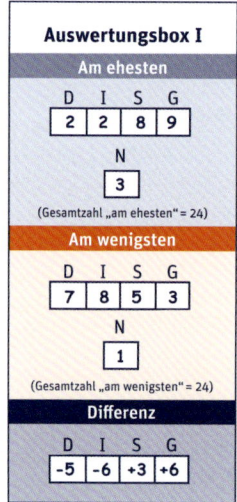

Ihre Auswertungsbox I

Auswertungsbox I

Am ehesten

D	I	S	G

← äußeres Selbstbild

N
☐

(Gesamtzahl „am ehesten" = 24)

Am wenigsten

D	I	S	G

← inneres Selbstbild

N
☐

(Gesamtzahl „am wenigsten" = 24)

Differenz

D	I	S	G

← integriertes Selbstbild

So erstellen Sie die Diagramme

Im nächsten Schritt übertragen Sie die Ergebnisse Ihrer Auswertungsbox I von Seite 47 in drei Diagramme. Gehen Sie dazu folgendermaßen vor:

I Übertragen Sie die Ergebnisse des oberen Feldes („Am ehesten") in das Diagramm I (siehe Beispiel).

Beispiel: Diagramm erstellen

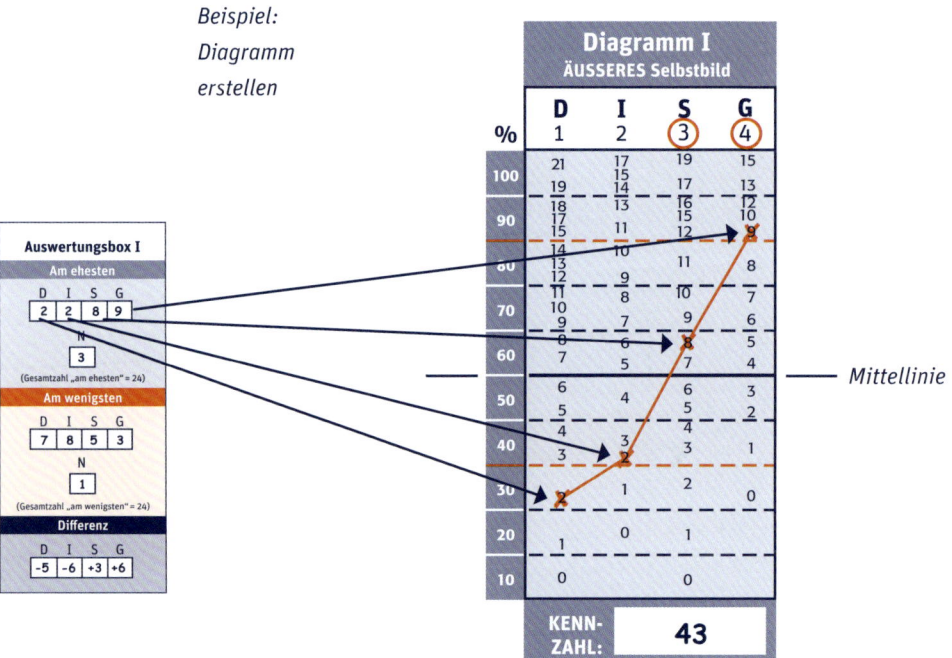

I Die Ergebnisse aus dem Feld „N" werden nicht in die Diagramme übertragen.
I Übertragen Sie danach Ihre Ergebnisse aus dem mittleren Feld („Am wenigsten") in das Diagramm II.
I Die Ergebnisse aus dem unteren Feld („Differenz") übertragen Sie schließlich in das Diagramm III.
I Verbinden Sie nun jeweils die Punkte in den drei Diagrammen miteinander (D mit I, I mit S, S mit G). Es entstehen drei Profile.

Ihre 3 Diagramme

Diagramm I
ÄUSSERES Selbstbild

%	D 1	I 2	S 3	G 4
100	21 19	17 15 14	19 17	15 13
90	18 17 15	13 11	16 15 12	12 10 9
80	14 13 12	10 9	11 10	8
70	11 10 9	8 7	10 9	7 6
60	8 7	6 5	8 7	5 4
50	6 5	4	6 5	3 2
40	4 3	3 2	4 3	1
30	2	1	2	0
20	1	0	1	
10	0		0	

KENN-ZAHL: ____

Diagramm II
INNERES Selbstbild

%	D 1	I 2	S 3	G 4
100	0	0		0
90	1	1	0	1
80	2	2	1	2
70	3	3	2	3 4
60	4 5	4	3	5
50	6 7 8	5 6	4	6 7 8
40	9 10	7	5 6	9 10
30	11 12 13	8 10 11	7 8	11 12
20	14 17	12 15	9 14	13 15
10	18 20	16 19	15 19	16 18

KENN-ZAHL: ____

Diagramm III
INTEGRIERTES Selbstbild

%	D 1	I 2	S 3	G 4
100	+21 +18	+17 +14	+19 +17	+15 +12
90	+16 +15 +14	+13 +12 +10	+16 +14 +12	+11 +9 +8
80	+13 +11 +10	+9 +8 +7	+11 +10	+7 +6 +5
70	+9 +7	+6 +5 +4	+9 +8 +7	+4 +2
60	+6 +4 +2	+3 +2 +1	+6 +5 +4	+1 0 -1
50	+1 0 -2	0 -1	+3 +2 0	-2 -3 -4
40	-3 -4 -5	-2 -3 -4	-1	-6 -7
30	-6 -7 -9	-6 -7 -8	-2 -3 -4	-9 -10 -11
20	-11 -12 -14	-9 -10 -11	-5 -6 -7	-12 -13 -14
10	-16 -17 -18	-14 -17	-12 -19	-16 -18

KENN-ZAHL: ____

So finden Sie Ihre Kennzahlen heraus

Bei allen drei Diagrammen gilt es nun, die zugehörige Kennzahl zu ermitteln. Gehen Sie dazu folgendermaßen vor:

▌ Zunächst bestimmen Sie die Kennzahl bei Diagramm I. Wenn sich eine oder mehrere Punktzahlen über der Mittellinie befinden, kreisen Sie die jeweilige Zahl (1, 2, 3, 4) ein (siehe Beispiel auf Seite 48).

▌ Übertragen Sie die eingekreiste(n) Zahl(en) folgendermaßen in das Kästchen „Kennzahl" unter dem Diagramm:
  – Wenn Sie *drei* Zahlen eingekreist haben, dann tragen Sie die Zahlen von links nach rechts ein. Die einzig möglichen Kombinationen sind 123, 124, 134 und 234.

- Wenn Sie *zwei* Zahlen eingekreist haben, die beide *auf der gleichen Höhe* im Diagramm liegen, dann tragen Sie die Zahlen von links nach rechts ein.
- Wenn Sie zwei Zahlen eingekreist haben und eine davon im Diagramm höher liegt als die andere, dann tragen Sie die eingekreiste Zahl mit der höheren Position zuerst ein (siehe Beispiel).
- Wenn Sie eine Zahl eingekreist haben, dann tragen Sie nur diese eine Zahl ein.

I Verfahren Sie genauso mit den Diagrammen II und III.
I Wenn sich alle eingetragenen Punktzahlen über oder unter der Mittellinie befinden, dann verwenden Sie für die Interpretation in diesem Fall die folgenden Kennzahlen:
- alle Punktzahlen über der Mittellinie: Kennzahl 123;
- alle Punktzahlen unter der Mittellinie: Kennzahl 4.

So füllen Sie die Auswertungsbox II aus

I Übertragen Sie die eben ermittelten drei Kennzahlen in die entsprechenden Felder der Auswertungsbox II.
I Im nächsten Schritt ermitteln Sie für jede Verhaltensdimension Prozentwerte. Beginnen Sie mit Diagramm I.
I Suchen Sie Ihre Prozentzahl (links im Diagramm) für den Punkt in der D-Spalte. Im Beispiel ist es die Zahl 30.
I Tragen Sie diese Prozentzahl in die Auswertungsbox II ein, und zwar in das entsprechende Kästchen des oberen Feldes (siehe Beispiel).
I Verfahren Sie genauso mit den I-, S- und G-Spalten.
I Übertragen Sie schließlich die Werte aus den Diagrammen II und III.

*Beispiel:
So übertragen Sie das Diagramm in die Auswertungsbox II*

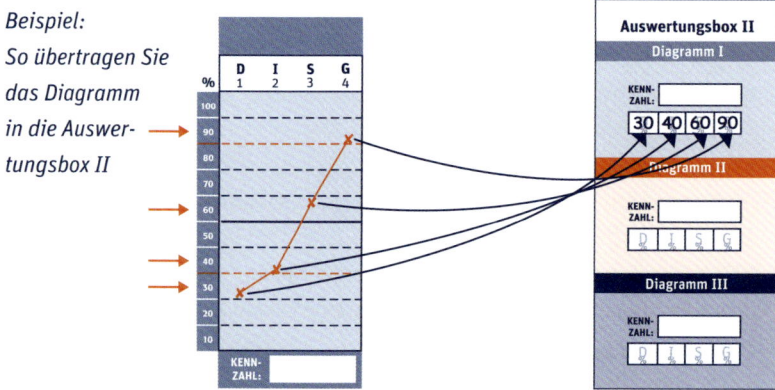

Ihre Auswertungsbox II

Auswertungsbox II

Diagramm I

äußeres Selbstbild → KENN-ZAHL:

D % | I % | S % | G %

Diagramm II

inneres Selbstbild → KENN-ZAHL:

D % | I % | S % | G %

Diagramm III

integriertes Selbstbild → KENN-ZAHL:

D % | I % | S % | G %

Ihre Verhaltensdimensionen als Flächendiagramm

Ihre Verhaltensdimensionen können Sie nicht nur als Kurve, sondern auch in Form eines Flächendiagramms darstellen. Diese Art der Visualisierung ist eine weitere Möglichkeit, das eigene Ergebnis zu reflektieren. Durch die Größe der jeweiligen Flächenanteile wird auf einen Blick erkennbar, wie stark die vier Verhaltensdimensionen ausgeprägt sind.

Beispiel für ein Flächendiagramm

Im Beispiel sind die Dimensionen *Gewissenhaft* und *Stetig* sehr stark bzw. stark ausgeprägt, die Dimensionen *Initiativ* und *Dominant* dagegen nur schwach bzw. sehr schwach.

Beispiel: Flächendiagramm zeichnen

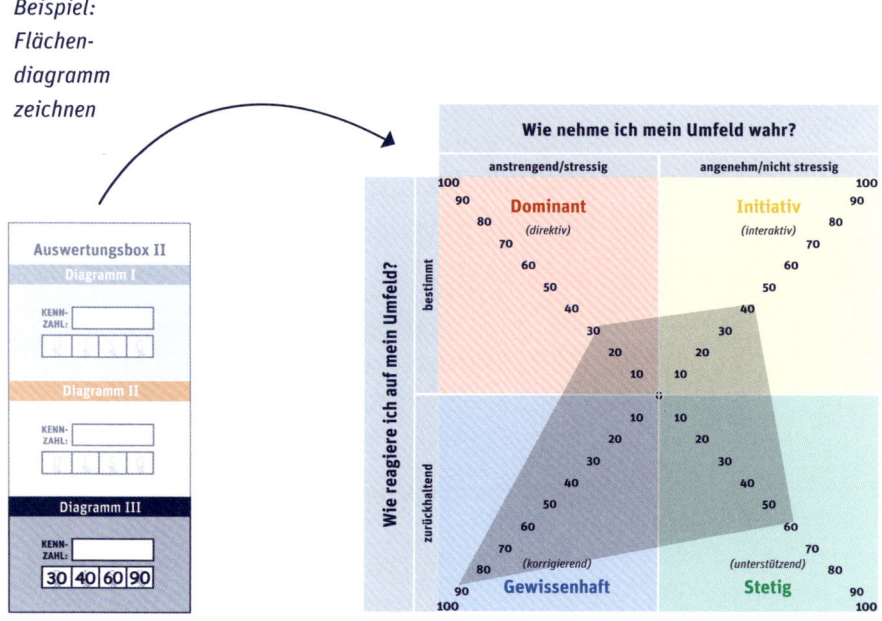

So erstellen Sie Ihr Flächendiagramm

I Nehmen Sie Auswertungsbox II von Seite 51.
I Sehen Sie sich die Prozentzahlen von Diagramm III an.
I Markieren Sie im Flächendiagramm den Wert für D im linken oberen Quadranten (Dominanz).
I Verfahren Sie genauso mit den Werten für I, S und G: Tragen Sie diese in die zugehörigen Quadranten ein.
I Verbinden Sie nun die vier Punkte zu einer Fläche.

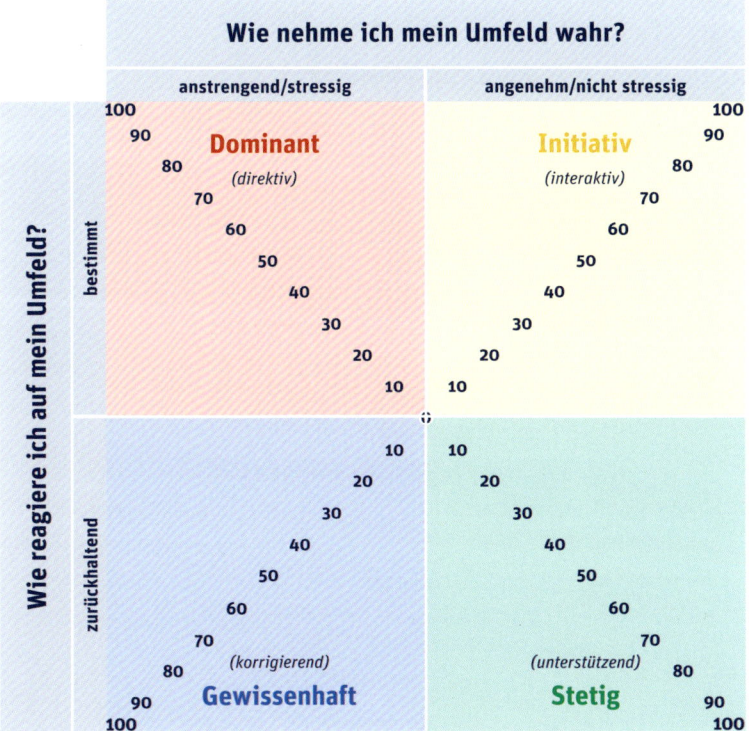

Die nächsten Schritte

Stufe 1 | Die *Interpretationsstufe 1* dient zum allgemeinen Verständnis der Verhaltensdimensionen Dominant, Initiativ, Stetig und Gewissenhaft. Sie finden hier eine Kurzbeschreibung und erfahren etwas über Ihre eigene besonders ausgeprägte Verhaltensdimension.
›› basiert auf Diagramm III

Stufe 2 | Bei der *Interpretationsstufe 2* geht es um die Untersuchung Ihres integrierten Selbstbildes. Sie befassen sich genauer mit Ihrer persönlichen Verhaltenstendenz und bekommen unter anderem Hinweise auf Strategien für mehr Effektivität.
›› basiert auf Diagramm III

Stufe 3 | Die Analyse Ihres inneren Selbstbildes ist Thema der *Interpretationsstufe 3*. Sie erfahren mehr über Ihre persönlichen Überzeugungen und darüber, wie diese Ihr Handeln bestimmen.
›› basiert auf Diagramm II

Stufe 4 | Gegenstand der *Interpretationsstufe 4* ist die Beschäftigung mit Ihrem äußeren Selbstbild. Sie setzen sich mit Ihren Absichten auseinander und mit der Frage, wie Sie Ihr Verhalten situationsgemäß anpassen können. Ziel ist es dabei, unterschiedlichen Erwartungen künftig effektiver zu begegnen.
›› basiert auf Diagramm I

Stufe 5 | Die *Interpretationsstufe 5* zeigt Ihnen, wie hoch Ihre Stressintensität ist. Eine vergleichende Betrachtung Ihrer Absichten, Überzeugungen und persönlichen Werte liefert Hinweise darauf, wie Sie Ihr Stressniveau reduzieren können.
›› basiert auf Diagramm I, II

INTERPRETATIONSSTUFE 1

Verhaltensdimensionen D, I, S und G verstehen

INTERPRETATIONSSTUFE 1
Verhaltensdimensionen D, I, S und G verstehen

Ziel der ersten Interpretationsstufe ist es, dass Sie die vier grundlegenden Verhaltensdimensionen kennenlernen. Mit den vier Verhaltensdimensionen sind typische Merkmale gekoppelt. Sie beschreiben die Menschen in ihrer Vielfalt aber nicht hinreichend, sondern liefern nur erste Hinweise. Bei diesen Dimensionen handelt es sich um

- **Dominant (D)**,
- **Initiativ (I)**,
- **Stetig (S)** und
- **Gewissenhaft (G)**.

Das folgende Koordinatensystem verortet die vier Verhaltensdimensionen in vier Quadranten. Bei jedem Menschen sind Anteile aller vier Dimensionen vorhanden, wobei diese jeweils unterschiedlich stark ausgeprägt sind. Dies wird durch die Position Ihrer Kennzahl innerhalb der Quadranten deutlich.

In Interpretationsstufe 1 wird die vorherrschende Verhaltensdimension näher betrachtet. Es können aber auch zwei bzw. maximal drei Dimensionen stark ausgeprägt sein. Dies ist einerseits abhängig von der Persönlichkeit des Anwenders und andererseits bestimmt durch den Blick auf das Umfeld, für das der Anwender das persolog® Persönlichkeits-Profil erstellt hat. Falls nicht nur eine Verhaltensdimension dominiert, besteht die Kennzahl aus zwei bzw. drei Ziffern.

Anleitung: Verhaltensdimensionen verstehen

- Nehmen Sie die Auswertungsbox II von Seite 51 zur Hand.
- Suchen Sie Ihre Kennzahl aus Diagramm III im Koordinatensystem und kreisen Sie sie ein.
- Ihre eingekreiste Kennzahl befindet sich in einem der vier Quadranten *Dominant, Initiativ, Stetig* oder *Gewissenhaft*.
- Lesen Sie sich die Informationen zu dieser Verhaltensdimension auf den folgenden Seiten durch und markieren Sie die Aussagen, die auf Sie zutreffen.
- Lernen Sie auch die anderen Verhaltensdimensionen kennen, indem Sie die entsprechenden Seiten lesen.

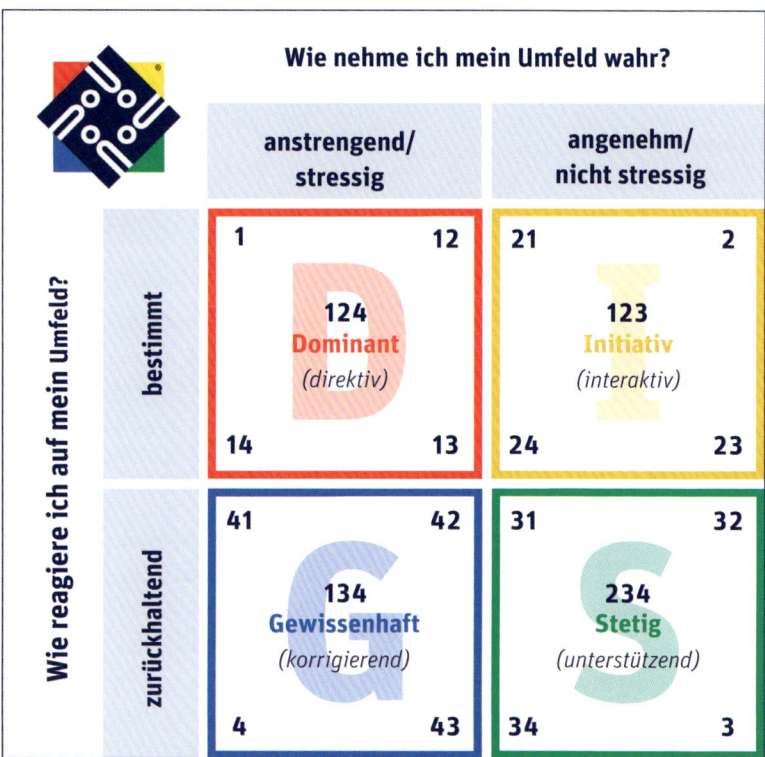

D –> S. 61 | ***I*** –> S. 62 | ***S*** –> S. 63 | ***G*** –> S. 64 | ***alle*** –> S.65 ff.

Dominant

Kerneigenschaften der Verhaltensdimension
Menschen mit ausgeprägt dominanter Verhaltensdimension betrachten das Umfeld als herausfordernd und anstrengend (stressig). Sie wollen andere besiegen. Sie versuchen, Hindernisse durch Zielstrebigkeit zu überwinden. Oft arbeiten sie unabhängig von anderen. Menschen mit ausgeprägt dominanter Verhaltensdimension lassen sich als aktiv und entschlossen charakterisieren.

Kennzahlen
1, 12, 13, 14, 124

Ziel
Das Umfeld formen; Widerstand überwinden, um Ergebnisse zu erzielen.

Grundbedürfnis
Unabhängigkeit

Motivation
- Möglichkeiten, sich zu behaupten;
- sich mit anderen messen;
- zeigen, was sie können;
- sich Respekt verschaffen;
- sich durchsetzen;
- gefürchtet sein;
- um das Überleben kämpfen;
- erfolgreich sein;
- verlieren das Interesse, wenn die Aufgaben zur Routine werden.

Grundangst
Bezwungen zu werden.

Frage
Fragt nach dem WAS?

Initiativ

Kerneigenschaften der Verhaltensdimension
Menschen mit ausgeprägt initiativer Verhaltensdimension betrachten das Umfeld als angenehm (nicht stressig). In ihren Augen besteht es hauptsächlich aus Menschen, die ermutigt und angespornt werden müssen. Sie sind aufgeschlossen, freundlich und überzeugend. Menschen mit ausgeprägt initiativer Verhaltensdimension lassen sich als gesprächig und offen charakterisieren.

Kennzahlen
2, 21, 23, 24, 123

Ziel
Das Umfeld formen; andere einbinden, um Ergebnisse zu erzielen.

Grundbedürfnis
Akzeptiert zu werden.

Motivation
- Möglichkeit, Spaß zu haben;
- die Gefühle anderer verstehen;
- mit Menschen umgehen;
- Angst unterdrücken, indem sie in Bewegung bleiben und Zeit und Mühe nicht aufrechnen.

Grundangst
Benachteiligt zu werden.

Frage
Fragt nach dem WER?

Stetig

Kerneigenschaften der Verhaltensdimension
Menschen mit ausgeprägt stetiger Verhaltensdimension betrachten ihr Umfeld als angenehm (nicht stressig), wenn alle zusammenarbeiten, um Ziele zu erreichen. Sie sind berechenbar, verlässlich und kooperativ. Menschen mit ausgeprägt stetiger Verhaltensdimension lassen sich als verlässlich und kooperativ charakterisieren.

Kennzahlen
3, 31, 32, 34, 234

Ziel
Mit anderen zusammenarbeiten, um Ergebnisse zu erzielen.

Grundbedürfnis
Sicherheit

Motivation
- Möglichkeit, die wahren Gefühle auszudrücken;
- ablehnen, was ihren Vorstellungen widerspricht;
- von anderen wichtig genommen werden;
- Forderungen gegenüber anderen rechtfertigen.

Grundangst
Alleine gelassen zu werden.

Frage
Fragt nach dem WIE?

Gewissenhaft

Kerneigenschaften der Verhaltensdimension
Menschen mit ausgeprägt gewissenhafter Verhaltensdimension betrachten ihr Umfeld als anstrengend (stressig) und wirken häufig konfus. Sie versuchen, Schwierigkeiten aus dem Weg zu gehen und möglichst viel Ordnung zu bewahren. Was Sorgfalt und Genauigkeit betrifft, sind sie für andere beispielhaft. Menschen mit ausgeprägt gewissenhafter Verhaltensdimension lassen sich als diszipliniert und besorgt charakterisieren.

Kennzahlen
4, 41, 42, 43, 134

Ziel
Mit anderen über mögliche Konsequenzen von Aktivitäten reden.

Grundbedürfnis
Dinge richtig zu machen.

Motivation
- Möglichkeit, andere fair zu behandeln;
- die Welt verbessern;
- Fehler ausmerzen;
- die eigene Ansicht rechtfertigen;
- alles nach einer einheitlichen Vorstellung beurteilen;
- sich von bedrohlichen Dingen fernhalten.

Grundangst
Kritisiert zu werden.

Frage
Fragt nach dem WARUM?

Vier Arten des Wahrnehmens und Handelns

Mit Blick auf die vier Verhaltensdimensionen *Dominan, Initiativ, Stetig* und *Gewissenhaft* gibt es vier Arten,
- sich selbst oder andere zu fördern,
- sich selbst oder andere zu motivieren,
- sich selbst oder anderen Anerkennung zu geben,
- zu coachen und zu beraten,
- Probleme zu lösen,
- zu delegieren,
- zu korrigieren,
- Entscheidungen zu treffen,
- zu kommunizieren.

Beispiel:
Nehmen Sie einmal an, Sie wollen Ihre Mitarbeiter dazu bringen, kurzfristig Überstunden zu leisten, um Ihr Projekt zu retten. Wie können Sie Ihre Mitarbeiter motivieren und dabei die vier Verhaltensdimensionen berücksichtigen?

Dominantes Verhalten
Beim Mitarbeiter mit einer ausgeprägt dominanten Verhaltensdimension sollten Sie an seinen Ehrgeiz und seinen Willen zum Sieg appellieren. Es hilft, wenn Sie zielstrebig sprechen, die Fakten auf den Tisch legen und wettbewerbsorientiert argumentieren. Sie müssen ihn auf das Projekt ansetzen und ihm dann die Kontrolle überlassen.

Initiatives Verhalten
Den Mitarbeiter mit einer ausgeprägt initiativen Verhaltensdimension können Sie gewinnen, wenn Sie seinen Gemeinschaftssinn berücksichtigen. Sie sollten daher kollegial und in Wir-Form sprechen. Sie müssen seine Begeisterung wecken und ihm klar machen, dass Sie gerade ihn brauchen, um gemeinsam das Projekt zum Erfolg zu bringen. Sie sollten ihm erklären, dass er dem Team hilft und dass er und das Team gut dastehen werden, wenn alles gelingt.

Stetiges Verhalten

Wenn Sie einen Mitarbeiter mit einer ausgeprägt *stetigen* Verhaltensdimension überzeugen wollen, Wochenendarbeit zu leisten, müssen Sie freundlich fragen, ob er Ihnen vielleicht helfen könne. Sie sollten ihm dann Schritt für Schritt erklären, was Sie für ein Problem haben und wie er dazu beitragen kann, das Projekt zu retten. Eine genaue Anleitung und bekannte Rahmenbedingungen sind hilfreich. Sie müssen ihm zeigen, dass Sie hinter ihm stehen.

Gewissenhaftes Verhalten

Der Mitarbeiter mit einer ausgeprägt *gewissenhaften* Verhaltensdimension braucht von Ihnen eine klare Problemanalyse mit möglichst exakten Daten. Sie sollten in Ihrer Argumentation sachlich, analytisch und genau vorgehen. Sie müssen ihm nachvollziehbar aufzeigen, dass Sie jetzt genau ihn brauchen, weil gerade er so gewissenhaft arbeitet und der Erfolg des Projektes von seiner Genauigkeit abhängt.

Es gibt also vier Ansatzpunkte für die vier Verhaltensdimensionen:

- Ein Mensch mit einer primär dominanten Verhaltensdimension interessiert sich vor allem dafür, *WAS* getan werden soll.
- Ein Mensch mit einer primär initiativen Verhaltensdimension möchte wissen, *WER* was tun soll.
- Ein Mensch mit einer primär stetigen Verhaltensdimension möchte darüber informiert sein, *WIE* etwas getan werden soll.
- Ein Mensch mit einer primär gewissenhaften Verhaltensdimension muss erfahren, *WARUM* etwas getan werden soll.

Je stärker eine Verhaltensdimension ausgeprägt ist,
desto intensiver sollten Sie sich darauf einstellen.

Es gibt keinen Menschen, dessen Verhalten ausschließlich von einer einzigen Verhaltensdimension geprägt ist. Es sind immer Anteile aller vier Dimensionen vorhanden, wenngleich in unterschiedlicher Intensität. Das sehen Sie auch sehr gut in Ihrem Flächendiagramm auf Seite 53.

Alle vier Verhaltensdimensionen auf einen Blick

	Dominant (D)	Initiativ (I)	Stetig (S)	Gewissenhaft (G)
Kurz & knapp	Zielstrebiger & unabhängiger Problemlöser	Offener & gesprächiger Überzeuger	Verlässlicher & kooperativer Harmonisierer	Sorgfältiger & disziplinierter Analytiker
Ziele	Umfeld formen; Widerstand überwinden, um Ergebnisse zu erzielen	Das Umfeld formen; andere einbinden, um Ergebnisse zu erzielen	Mit anderen zusammenarbeiten, um Ergebnisse zu erreichen	Mit anderen über mögliche Konsequenzen von Aktivitäten reden
Grundbedürfnis	Unabhängigkeit	Akzeptiert zu sein	Sicherheit	Dinge richtig machen
Grundangst	Bezwungen zu werden	Benachteiligt zu werden	Alleine gelassen zu werden	Kritisiert zu werden
Fragt nach dem...	WAS?	WER?	WIE?	WARUM?

Daher darf die Analyse des situativen Verhaltens auch nicht bei dem groben Raster der ersten Interpretationsstufe stehen bleiben.

> Die Aussagekraft des persolog® Persönlichkeits-Modells entfaltet sich erst, wenn die individuelle Kombination der Verhaltensdimensionen berücksichtigt wird.

Die folgenden Interpretationsstufen ziehen daher auch die weniger stark ausgeprägten Verhaltensdimensionen in Betracht.

INTERPRETATIONSSTUFE 2

Erfolgsstrategien entwickeln

INTERPRETATIONSSTUFE 2
Erfolgsstrategien entwickeln
basiert auf Diagramm III (integriertes Selbstbild)

Die vier Verhaltensdimensionen **D, I, S** und **G** sind bei jedem Menschen unterschiedlich stark ausgeprägt. Ziel der vierten Interpretationsstufe ist es, durch den Blick auf die individuelle Ausprägungskombination zu differenzierteren Aussagen zu kommen. Basis dafür ist das integrierte Selbstbild. Moderne Persönlichkeitstheorien definieren das integrierte Selbstbild als Schnittstelle zwischen Individuum und Gesellschaft. Diagramm I beschreibt das „äußere Selbstbild", also das, was das Umfeld unserer Meinung nach von uns erwartet. Diagramm II ist eine Beschreibung des „inneren Selbstbildes", also dessen, was wir von uns selbst erwarten. Als Schnittstelle zwischen Diagramm I und II bildet Diagramm III die Grundlage der Interpretationsstufe 2.

Die Analyse des persolog® Persönlichkeits-Profils ermöglicht auf der Ebene der individuellen Ausprägungskombination Erkenntnisse zu ganz unterschiedlichen Fragen.

Auch wenn jeder Mensch einzigartig ist, gibt es viele Gemeinsamkeiten und Ähnlichkeiten in der Persönlichkeit. Das persolog® Persönlichkeits-Modell unterscheidet 20 idealtypische Verhaltenstendenzen. Basis für diese 20 typischen Muster ist die Kombination der Ausprägungen von D, I, S und G.

Die 20 verschiedenen Kennzahlen entstehen über alle möglichen Kombinationen der 4 Verhaltensdimensionen D, I, S und G. Alle Punkte, die in Ihrem Diagramm III (Seite 49) über der Mittellinie liegen, bilden die Grundlage für Ihre Kennzahl. Der Punkt, der am höchsten liegt steht vorne. So kann Ihre Kennzahl 1, 2 oder 3stellig sein.

Die Kombination von D, I, S und G ist entscheidend
Sie haben Dominant, Initiativ, Stetig und Gewissenhaft bereits kennengelernt. Doch jetzt geht es um Ihre ganz individuelle Ausprägung. Sie werden erstaunt sein, wie gut Sie sich in den beschreibenden Texten wiederfinden. Es ist auch normal, dass einige Sachen vielleicht nicht auf Sie zutreffen.

Anleitung: Erfolgsstrategien entwickeln

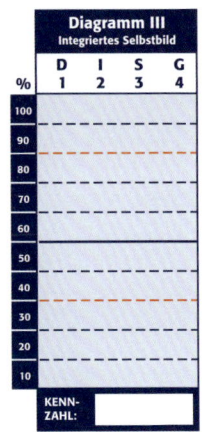

Übertragen Sie hier Ihr Diagramm III und Ihre Kennzahl von Seite 49.

I Übertragen Sie Ihr Diagramm III und Ihre Kennzahl von der Seite 49 in die nebenstehende Abbildung.
I Nehmen Sie Ihre Kennzahl aus Diagramm III (siehe Seite 49) und kreisen Sie Ihre Kennzahl in der Tabelle rechts ein. In der linken Spalte befindet sich Ihre Kennzahl.
I Sie sehen in der rechten Spalte auf welcher Seite sich Ihre individuelle Verhaltensbeschreibung befindet.
I Bedenken Sie: Sie haben sich beim Ausfüllen des Fragebogens für ein Umfeld entschieden. Ihre Verhaltensbeschreibung gilt für genau dieses Umfeld. Bei einem anderen Umfeld kann sich Ihr Ergebnis ändern.

KENNZAHL aus Diagramm III (Seite 49)	Gehen Sie auf Seite
1	> 74
2	> 78
3	> 82
4	> 85
12	> 88
13	> 91
14	> 94
21	> 97
23	> 101
24	> 104
31	> 107
32	> 110
34	> 113
41	> 116
42	> 119
43	> 122
123	> 125
124	> 128
134	> 131
234	> 134

Gehen Sie direkt auf die Seite Ihrer Kennzahl aus Diagramm III

Verhaltenstendenz 1/D

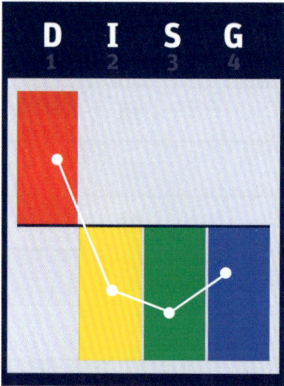

1. Verhaltenstendenz

- Nutzt Chancen;
- geht gerne mit schwierigen Situationen um;
- setzt Prioritäten;
- gibt Anweisungen;
- macht andere Menschen für ihr Handeln verantwortlich;
- misst Ergebnisse, belohnt und bestraft;
- lehnt eine langsamere, überlegtere Art der Zusammenarbeit ab;
- bevorzugt Wettbewerbssituationen;
- reagiert schnell und entschlossen;
- kann am ehesten als *Pionier* bezeichnet werden.

2. Mögliche Schwächen

- Nutzt Informationen, um Macht auszuüben;
- macht Schwierigkeiten, wenn er/sie nicht im Rampenlicht steht;
- will sich nicht in ein Team integrieren;
- verliert das Interesse, wenn es keine Herausforderungen mehr gibt.

3. Bewältigung von Aufgaben
- Erledigt Dinge schnell;
- äußert ausgeprägte Ansichten über Ziele;
- erreicht Ziele mit allen Mitteln;
- bestimmt ein Problem oder einen Feind, dem man sich stellen muss und das/den es zu überwinden gilt;
- erreicht persönliche Hochleistung.

4. Grundtendenz
- Ereignisse und persönliches Schicksal bestimmen.

5. Motivation
- Möglichkeit, persönliche Bedürfnisse nach Führung, Individualität und Entschlossenheit zu befriedigen;
- arbeitet gut, wenn sich das Umfeld ständig verändert.

6. Persönliche Werte
- Karriere,
- Herausforderungen,
- Konkurrenz,
- Unabhängigkeit.

7. Überzeugt andere
- Energische Sprache;
- prägnante Logik und präzise Wortwahl;
- souveräner Einsatz von Sachverständigenaussagen und visuellen Hilfen;
- bittet um entschlossenes Engagement;
- kann andere von materiellen Dingen sehr gut und von immateriellen Dingen relativ gut überzeugen.

8. Umgang mit Konflikten
- Konfrontation;
- reagiert ungeduldig und hektisch;

- kümmert sich wenig um Akzeptanz und Beliebtheit;
- möchte, dass andere ihre Ziele aufgeben.

9. Reaktion unter Druck
- Wird produktiver;
- betrachtet Stress als Werkzeug, um Maßnahmen einzuleiten.

10. Als Teamleiter
- Autokratische Führungskraft, die dem Team in anspruchsvollen Situationen die benötigte Richtung gibt;
- belohnt treue Gefolgsleute;
- baut eine Befehlskette auf.

11. Als Teammitglied
- Akzeptiert sinnvolle Veränderungen;
- ist häufig des Teufels Advokat (jemand, der um der Sache willen mit seinen Argumenten die Gegenseite vertritt, ohne selbst zur Gegenseite zu gehören);
- erwartet Anweisungen, was zu tun ist;
- widersteht einer schwachen Führungskraft.

12. Bevorzugte Aufgaben/Funktionen
- Visionär sein, z. B. neue Wege suchen;
- Wichtiges von Unwichtigem unterscheiden, z. B. bei der Beurteilung von Vorschlägen;
- Weitblick zeigen, z. B. vorausplanen, Konsequenzen vorhersagen.

13. Strategien für mehr Effektivität
- Einfühlungsvermögen und Verständnis zeigen;
- zuhören, ohne zu unterbrechen;
- Einwände anderer als Chance nutzen;
- sich nicht auf den Kriegspfad begeben, um andere zu überzeugen;
- andere mehr als hilfsbereite anstatt als gefügige Partner einbinden;
- mit Menschen zusammenarbeiten, die besser im Team kooperieren können (Verhaltenstendenz 23, 32, 234).

>> *Gehen Sie jetzt auf Seite 137. Lesen Sie die Interpretationen Ihrer Verhaltenskennzahl von allen 13 Punkten noch einmal durch.*
>> *Wie stark stimmen Sie zu? Bewerten Sie den Grad Ihrer Zustimmung in der Reaktionstabelle auf Seite 137, indem Sie eine Zahl zwischen 1 und 9 einkreisen.*
>> *Beantworten Sie danach die Fragen auf Seite 138 und 139.*

Verhaltenstendenz 2/I

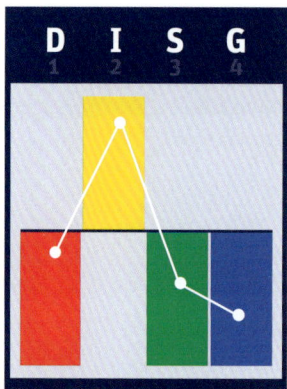

1. Verhaltenstendenz
- Kämpft um Aufmerksamkeit;
- will im Mittelpunkt stehen;
- teilt Ratschläge, Arbeitsmaterial und Erfolg mit anderen;
- baut sofort mit anderen ein harmonisches Verhältnis durch Gefühle und Überzeugungskraft auf;
- ermutigt andere, offen zu sprechen;
- tadelt andere nicht gerne;
- vermeidet es, Gleiches mit Gleichem zu vergelten;
- verlässt sich darauf, dass andere ihn/sie unterstützen;
- kann am ehesten als *Entertainer* bezeichnet werden.

2. Mögliche Schwächen
- Schenkt Routineaufgaben wenig Aufmerksamkeit;
- vereinfacht Lösungen;
- schätzt die Fähigkeiten anderer falsch ein;
- hat häufig Schwierigkeiten, den Zeitaufwand zu kalkulieren.

3. Bewältigung von Aufgaben
- Nutzt die vorhandenen Mittel;
- glaubt, dass neue Situationen neue Methoden erfordern;
- fühlt sich zu Aufgaben hingezogen, die zwischenmenschliche Fähigkeiten und eine positive Einstellung erfordern;
- möchte eine heitere, freundliche Atmosphäre schaffen;
- interessiert sich nicht für Effizienz.

4. Grundtendenz
- Sich mit vielerlei Aktivitäten beschäftigen.

5. Motivation
- Möglichkeit, das persönliche Bedürfnis nach Akzeptanz, Zugehörigkeit und Zufriedenheit zu befriedigen;
- arbeitet gut, wenn er/sie nicht kontrolliert wird und keine Kleinarbeit leisten muss.

6. Persönliche Werte
- Kontakt zur Außenwelt,
- Anerkennung,
- Status/Prestige,
- Vielfalt.

7. Überzeugt andere
- Nimmt anderen die Befangenheit;
- zeigt Interesse;
- strahlt Charme und Selbstbewusstsein aus;
- kommuniziert, macht Witze, verspricht viel;
- tut Einwände als unwichtig ab;
- kann andere von materiellen Dingen schlecht und von immateriellen relativ gut überzeugen.

8. Umgang mit Konflikten
- Vermeidung;
- glaubt, dass Konflikte andere verletzen;
- fördert Harmonie;
- will von allen akzeptiert und gemocht werden.

9. Reaktion unter Druck
- Erneuert einflussreiche Kontakte;
- setzt Witz und Charme ein, um Kritik abzuwehren.

10. Als Teamleiter
- Kann Spannungen abbauen, indem er/sie berücksichtigt, dass das Team Spaß, Aktivitäten und soziale Kreativität braucht;
- ist bereit, Führung zu teilen.

11. Als Teammitglied
- Baut Brücken, indem er/sie Spannung vermindert;
- verlässt sich auf eine starke Führungskraft, um alle Teammitglieder auf einem produktiven und disziplinierten Kurs zu halten.

12. Bevorzugte Aufgaben/Funktionen
- Für etwas werben, z. B. durch mitreißende Reden;
- andere beraten und unterstützen;
- aus dem Bauch heraus handeln, z. B. unterschwelligen Gefühlen nachgehen;
- Entscheidungen aufgrund von Interpretationen fällen;
- anderen Dinge entlocken, z. B. unausgesprochene Ängste.

13. Strategien für mehr Effektivität
- Sich auf die Aufgabe konzentrieren;
- Termine einhalten;
- energisch und direkt sprechen;
- bei der Entscheidungsfindung Objektivität walten lassen;
- Einwänden direkt begegnen;
- mit Menschen zusammenarbeiten, die besser organisiert sind (Verhaltenstendenzen 4, 43, 134).

>> *Gehen Sie jetzt auf Seite 137. Lesen Sie die Interpretationen Ihrer Verhaltenskennzahl von allen 13 Punkten noch einmal durch.*
>> *Wie stark stimmen Sie zu? Bewerten Sie den Grad Ihrer Zustimmung in der Reaktionstabelle auf Seite 137, indem Sie eine Zahl zwischen 1 und 9 einkreisen.*
>> *Beantworten Sie danach die Fragen auf Seite 138 und 139.*

Verhaltenstendenz 3/S

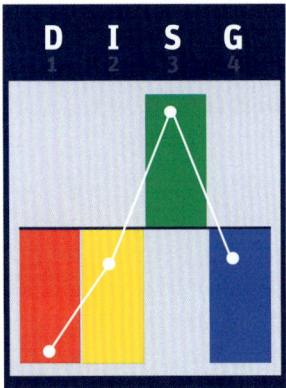

1. Verhaltenstendenz
- Gibt ein stetiges Tempo vor und hält sich daran;
- ist geduldig;
- erfüllt Pflichten;
- erwartet und zeigt Loyalität;
- schenkt wichtigen Details Aufmerksamkeit;
- äußert und verteidigt persönliche Überzeugungen und Werte;
- kann sich für die Natur und ein schönes Umfeld begeistern;
- kann am ehesten als *Stabilisator* bezeichnet werden.

2. Mögliche Schwächen
- Spielt persönliche Fähigkeiten herunter und unterschätzt sie;
- verbirgt persönliche Hoffnungen und Ambitionen;
- wartet ab, was geschieht, anstatt aktiv etwas zu verändern.

3. Bewältigung von Aufgaben
- Erwirbt Kenntnisse in einem Fachbereich;
- setzt bei der Problemlösung den gesunden Menschenverstand ein;
- tastet sich Schritt für Schritt an neue Methoden heran;
- hat Schwierigkeiten, übermäßige Verantwortung zu verweigern.

4. Grundtendenz
- Durch Spezialisierung erfolgreich sein.

5. Motivation
- Möglichkeit, persönliches Bedürfnis nach Kooperation, Zufriedenheit und Zurückhaltung zu befriedigen;
- arbeitet gut, wenn er/sie genügend Zeit hat, um geordnet vorzugehen.

6. Persönliche Werte
- Freundschaft,
- Sicherheit,
- Pflichterfüllung,
- Anerkennung.

7. Überzeugt andere
- Bindet engagierte Menschen auf bescheidene, ruhige und ehrliche Art ein;
- bittet andere bereitwillig um Unterstützung, um die Vorteile einer Idee/ eines Produktes anzupreisen;
- kann andere von materiellen Dingen relativ gut und von immateriellen Dingen schlecht überzeugen.

8. Umgang mit Konflikten
- Kompromisse schließen;
- eine für beide Seiten profitable Lösung finden;
- die Mitte zwischen zwei extremen Positionen finden.

9. Reaktion unter Druck
- Übernimmt bereitwillig Verantwortung;
- sucht den besten Weg für langfristige Sicherheit.

10. Als Teamleiter
- Entgegenkommende Führungskraft;
- ermöglicht dem Team, Streitigkeiten zwischen energischen Bewerbern um eine Führungsposition zu lösen;
- kann unkooperative Menschen gut umpolen.

11. Als Teammitglied
I Identifiziert sich mit Menschen, die einen strengen Führungsstil wünschen;
I arbeitet effektiv als Spezialist;
I kann gut Prioritäten setzen.

12. Bevorzugte Aufgaben/Funktionen
I Konsequent sein, z. B. Unterlagen rechtzeitig versenden;
I Anweisungen entgegennehmen, Anweisungen ohne zu zögern folgen und akzeptieren;
I Maschinen oder Anlagen bedienen.

13. Strategien für mehr Effektivität
I Auch unter Druck die Kontrolle bewahren;
I verantwortungslose Menschen sofort tadeln;
I Richtlinien für die Durchführung von Aufgaben aufstellen;
I vorausschauend handeln;
I die Initiative ergreifen, anstatt auf andere Menschen oder Ereignisse zu reagieren;
I mit Menschen zusammenarbeiten, die mehr Vielfalt in die Arbeit bringen können (Verhaltenstendenzen 12, 24, 124).

>> *Gehen Sie jetzt auf Seite 137. Lesen Sie die Interpretationen Ihrer Verhaltenskennzahl von allen 13 Punkten noch einmal durch.*
>> *Wie stark stimmen Sie zu? Bewerten Sie den Grad Ihrer Zustimmung in der Reaktionstabelle auf Seite 137, indem Sie eine Zahl zwischen 1 und 9 einkreisen.*
>> *Beantworten Sie danach die Fragen auf Seite 138 und 139.*

G

Verhaltenstendenz **4/G**

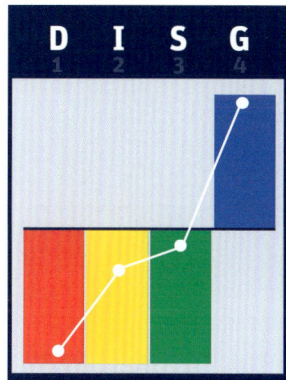

1. Verhaltenstendenz
- Konkurriert eher mit Dingen als mit Menschen;
- will es anderen recht machen;
- versucht, andere für die Zusammenarbeit zu gewinnen, anstatt zu fordern, und macht, wenn nötig, Kompromisse;
- fügt sich respektierter Autorität;
- glaubt, dass harte Arbeit und Fairness sich auszahlen;
- sucht Verantwortungsbereiche, in denen er/sie konzentriert alleine arbeiten kann;
- kann am ehesten als *Perfektionist* bezeichnet werden.

2. Mögliche Schwächen
- Ist überempfindlich gegenüber Kritik;
- wacht über Regeln, wie eine Henne über Küken;
- ist überfürsorglich;
- verfügt über mangelnde Spontaneität, um Pläne rasch zu ändern.

3. Bewältigung von Aufgaben
- Erreicht Ziele auf ernsthafte, ruhige, aber entschlossene Art;

- entwickelt Standards;
- entwickelt sich zumindest in einem Bereich einer Aufgabe zum Fachmann;
- bevorzugt Aufgaben, die analytische und kritische Fähigkeiten bei der Problemlösung erfordern.

4. Grundtendenz
- Ordnung in das Chaos bringen.

5. Motivation
- Möglichkeit, das persönliche Bedürfnis nach Fachkenntnis, Gewissenhaftigkeit und Selbstdisziplin zu befriedigen;
- arbeitet gut, wenn er/sie Pläne entlang strukturierter Linien ausarbeiten kann.

6. Persönliche Werte
- Ethischer/moralischer Kodex,
- Wissen,
- präzise Arbeit,
- Anerkennung.

7. Überzeugt andere
- Baut auf einer Argumentationskette auf;
- schafft Vertrauen durch Übermittlung einer überlegten, genauen und zurückhaltenden Vorstellung;
- spielt Gefühle herunter;
- kann andere von materiellen Dingen sehr gut und von immateriellen Dingen relativ gut überzeugen.

8. Umgang mit Konflikten
- Vermeidung;
- sich aus Problemen heraushalten, die Konflikte verursachen;
- glaubt, dass es möglicherweise sinnlos ist zu versuchen, Konflikte zu lösen.

9. Reaktion unter Druck
- Wird gewissenhafter und vorsichtiger;
- u. U. fügt er/sie sich vernünftigen Wünschen.

10. Als Teamleiter
- Ist eine technische Führungskraft, die dem Team hilft, mit fachlichen Problembereichen umzugehen;
- Würde und Rituale sind ihm/ihr wichtig;
- ist förmlich.

11. Als Teammitglied
- Wägt die Konsequenzen sorgfältig ab, bevor er/sie entscheidet;
- leistet Beiträge als kritischer Denker und Informationssammler;
- analysiert umfassend;
- konzentriert sich mehr auf Aufgaben als auf die Beziehungen im Team.

12. Bevorzugte Aufgaben/Funktionen
- Buch führen, mit Zahlen umgehen, z. B. Kassenbuch oder Statistiken führen;
- zusammenbauen, z. B. Bausatz;
- Objektkategorien ordnen, klassifizieren, z. B. Bücher.

13. Strategien für mehr Effektivität
- Neue Verbindungen zu anderen aufbauen;
- Konflikte ertragen lernen;
- Entscheidungsfindung beschleunigen;
- erkennen, dass nicht alle Probleme kompliziert sind;
- üben, in weniger wichtigen Bereichen schnelle Entscheidungen zu treffen;
- mit Menschen zusammenarbeiten, die besser persönliche Kontakte knüpfen können (Verhaltenstendenzen 2, 24, 123).

>> *Gehen Sie jetzt auf Seite 137. Lesen Sie die Interpretationen Ihrer Verhaltenskennzahl von allen 13 Punkten noch einmal durch.*
>> *Wie stark stimmen Sie zu? Bewerten Sie den Grad Ihrer Zustimmung in der Reaktionstabelle auf Seite 137, indem Sie eine Zahl zwischen 1 und 9 einkreisen.*
>> *Beantworten Sie danach die Fragen auf Seite 138 und 139.*

Verhaltenstendenz 12/DI

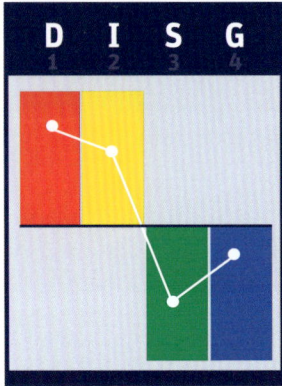

1. Verhaltenstendenz
- Will sich lieber von der Gruppe absetzen, als einer von vielen zu sein;
- ist erfolgreich als treibende Kraft für Veränderungen und durch großen Einfluss;
- spornt andere an;
- arbeitet frei und unabhängig;
- gibt ein schnelles Tempo vor;
- kann ohne Anweisungen arbeiten;
- kann am ehesten als *Vorreiter* bezeichnet werden.

2. Mögliche Schwächen
- Überträgt unliebsame Aufgaben anderen;
- hat keine Geduld gegenüber langsameren, bedächtigeren Kollegen;
- kann oft nicht delegieren;
- zwingt anderen die eigene Sichtweise auf.

3. Bewältigung von Aufgaben
- Konzentriert sich auf das, was für ihn/sie und andere nutzbringend und vorteilhaft ist;

- liebt Konkurrenzsituationen und besondere Aufgaben;
- plant voraus, integriert Maßnahmen;
- überlässt Details anderen;
- arbeitet konsequent, wenn Termine es erforderlich machen.

4. Grundtendenz
- Kreative Ideen einem nützlichen Zweck zuführen.

5. Motivation
- Möglichkeit, das persönliche Bedürfnis nach Bestimmtheit, Individualität und Aufgabenerfüllung auszuüben;
- arbeitet gut, wenn er/sie Prestige und Autorität gewinnen kann.

6. Persönliche Werte
- Herausforderungen,
- Wettbewerb,
- Macht/Führung,
- Prestige.

7. Überzeugt andere
- Weckt ihre Neugierde;
- verspricht interessante Aufgaben;
- hinterfragt andere;
- findet heraus, welche Bedürfnisse sie haben;
- kann andere von materiellen und immateriellen Dingen sehr gut überzeugen.

8. Umgang mit Konflikten
- Hofft durch Zusammenarbeit das Problem entschärfen zu können;
- hilft anderen, eine Situation, die durch negatives und schwieriges Verhalten entstanden ist, zu klären.

9. Reaktion unter Druck
- Lässt andere, wenn es möglich ist, helfen;
- geht Risiken ein, die andere verwirren können.

10. Als Teamleiter
- Führt wie ein Dirigent und kommt somit den Bedürfnissen des Teams nach Geschlossenheit nach;
- vergibt Aufgaben ohne zu zögern;
- schwört die Teammitglieder auf eine Aufgabe ein.

11. Als Teammitglied
- Sucht eine Rolle als Stellvertreter, der eine Führungskraft unterstützt;
- versucht, Entscheidungen zu beeinflussen;
- schwankt in seiner/ihrer Orientierung zwischen Aufgaben und Menschen.

12. Bevorzugte Aufgaben/Funktionen
- Motivieren, z. B. andere zum Handeln veranlassen;
- fantasievoll sein, z. B. anderen helfen, Dinge aus einer alternativen Sicht zu sehen;
- schnell Entscheidungen treffen, z. B. einen Prozess sofort ändern.

13. Strategien für mehr Effektivität
- Terminen mehr Aufmerksamkeit schenken;
- vermeiden, unter Druck andere anzugreifen;
- lernen, denjenigen gegenüber nachzugeben, die fachlich Recht haben;
- andere nicht manipulieren;
- mit Menschen zusammenarbeiten, die besser recherchieren und ein berechenbares Umfeld schaffen können (Verhaltenstendenz 14, 34, 134).

>> *Gehen Sie jetzt auf Seite 137. Lesen Sie die Interpretationen Ihrer Verhaltenskennzahl von allen 13 Punkten noch einmal durch.*
>> *Wie stark stimmen Sie zu? Bewerten Sie den Grad Ihrer Zustimmung in der Reaktionstabelle auf Seite 137, indem Sie eine Zahl zwischen 1 und 9 einkreisen.*
>> *Beantworten Sie danach die Fragen auf Seite 138 und 139.*

Verhaltenstendenz 13/DS

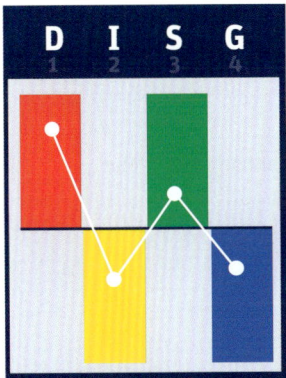

1. Verhaltenstendenz
- Wandelt Frustration in ein Mittel zur Bereinigung von Problemen um;
- entwickelt eine besondere Kombination von Bestimmtheit und sorgfältiger, konsequenter Arbeit;
- bringt die eigene Meinung überzeugend vor; erzwingt eine Vorgehensweise;
- wehrt sich gegenüber Widersachern und legt seichte Argumente offen;
- kann am ehesten als *Schrittmacher* bezeichnet werden.

2. Mögliche Schwächen
- Vernachlässigt kleine Rituale, die andere beruhigen;
- ist bei Zeitdruck oft unverblümt und taktlos;
- findet es schwierig, Aufgaben zu delegieren.

3. Bewältigung von Aufgaben
- Entwickelt einen systematischen Plan und trifft Vorkehrungen für Unvorhergesehenes;
- hat Erfolg durch eine rasche Vorgehensweise ohne strenge Überwachung;
- ist entschlossen und aggressiv;
- trägt zur Qualitätsverbesserung bei.

4. Grundtendenz
- Kalkulieren;
- Unterschiede erkennen;
- sinnvolle Aktivitäten auswählen.

5. Motivation
- Möglichkeit, das persönliche Bedürfnis nach Unabhängigkeit, Mut und praktischer Durchführbarkeit zu befriedigen;
- arbeitet gut, wenn er/sie Aufgaben von der Konzeption bis zur Fertigstellung verfolgen kann.

6. Persönliche Werte
- Abenteuer;
- Erfüllung;
- Wissen;
- physische Herausforderungen.

7. Überzeugt andere
- Argumentiert energisch für eine Vorgehensweise;
- reagiert rasch auf Einwände;
- kann problemlos mit Fragen umgehen und verwendet dazu Fakten und Dokumentation;
- ist ernsthaft und direkt;
- kann andere von materiellen und immateriellen Dingen relativ gut überzeugen.

8. Umgang mit Konflikten
- Konfrontation;
- macht Provokateuren Schwierigkeiten;
- weigert sich, persönliche Ziele aufzugeben;
- macht andere nervös;
- schürt bei anderen Unbehagen.

9. Reaktion unter Druck
- Sturheit;
- wählt häufig den falschen Zeitpunkt für eine Auseinandersetzung.

10. Als Teamleiter
- Aufgabenorientierter Teamleiter, der klar macht, dass das Team hart arbeiten muss;
- ist bei Uneinigkeit autokratisch.

11. Als Teammitglied
- Nutzt eher persönliche Erfahrungen als Schulbuchwissen;
- nimmt Aufgaben an, die andere schwierig finden;
- arbeitet am besten, wenn er/sie nicht durch einen kritischen Teamleiter/Vorgesetzten gestört wird.

12. Bevorzugte Aufgaben/Funktionen
- Anleiten, z. B. andere bei einer Reihe von logischen Schritten begleiten;
- überprüfen, bewerten, z. B. feststellen, ob die Leistungen anderer den Erwartungen entsprechen;
- die Arbeit vorantreiben, z. B. andere zum Handeln drängen.

13. Strategien für mehr Effektivität
- Anderen gegenüber eindeutig handeln;
- ein Zeitlimit für Konfliktlösung und Einigung setzen;
- für andere Meinungen offen sein;
- neue Ideen durch Anerkennung der Beiträge anderer fördern;
- bereit sein, das Tempo zu ändern oder versuchen, anderen entgegenzukommen;
- mit Menschen zusammenarbeiten, die flexibler und taktvoller sind (Verhaltenstendenzen 21, 23, 32).

>> *Gehen Sie jetzt auf Seite 137. Lesen Sie die Interpretationen Ihrer Verhaltenskennzahl von allen 13 Punkten noch einmal durch.*
>> *Wie stark stimmen Sie zu? Bewerten Sie den Grad Ihrer Zustimmung in der Reaktionstabelle auf Seite 137, indem Sie eine Zahl zwischen 1 und 9 einkreisen.*
>> *Beantworten Sie danach die Fragen auf Seite 138 und 139.*

Verhaltenstendenz 14/DG

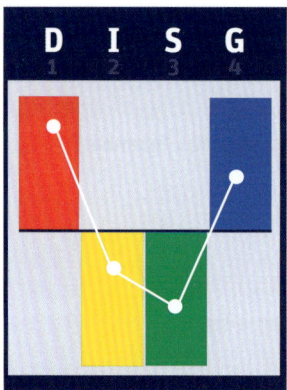

1. Verhaltenstendenz

- Handelt praktisch;
- stellt Fragen, anstatt Analysen zu erzwingen;
- findet Lösungen, die durch Logik und Erfahrung geprägt sind;
- bereitet sich umfassend vor;
- initiiert und entwickelt;
- hält zu allen (außer zu engen Mitarbeitern) Distanz;
- ist glücklich, wenn er/sie Projekte alleine durchziehen kann;
- vermeidet Einschränkungen durch andere;
- kann am ehesten als *Erfinder* bezeichnet werden.

2. Mögliche Schwächen

- Konzentriert sich auf eine einzige Aufgabe, worunter andere Bereiche oft leiden;
- macht sich häufig Sorgen, manchmal unbegründet;
- ist übervorsichtig;
- braucht Hilfe, um Projekte abzuschließen.

3. Bewältigung von Aufgaben
- Löst eher Aufgaben als zwischenmenschliche Probleme;
- beschäftigt sich mit der Komplexität eines Vorgangs;
- arbeitet lange;
- legt ein Tempo vor, das anderen vielleicht zu anstrengend ist.

4. Grundtendenz
- Neue Ideen haben und umsetzen.

5. Motivation
- Möglichkeit, das persönliche Bedürfnis nach Leistung, Individualität und Alleinsein zu befriedigen;
- arbeitet gut, wenn er/sie genügend Zeit hat, um Richtigkeit sicherzustellen.

6. Persönliche Werte
- Intellektuelle und physische Herausforderung;
- Kreativität;
- Anerkennung.

7. Überzeugt andere
- Nutzt Fakten;
- ist zuversichtlich, wenn die Idee/das Produkt den eigenen hohen Standards entspricht;
- erreicht Akzeptanz durch gut organisierte, direkte Vorgehensweise;
- kann andere von materiellen Dingen überdurchschnittlich gut und von immateriellen Dingen relativ gut überzeugen.

8. Umgang mit Konflikten
- Zusammenarbeit;
- drängt andere zunächst in die Defensive;
- verbirgt Unsicherheit;
- fördert letztendlich alle Sorgen und Probleme zutage.

9. Reaktion unter Druck
- Ist auf alle Eventualitäten gut vorbereitet;
- verpflichtet sich selbst, härter zu arbeiten.

10. Als Teamleiter
- Innovative Führungskraft;
- hilft dem Team, neue Theorien zu entwickeln;
- ist förmlich;
- setzt ein Beispiel;
- übernimmt zu viel Verantwortung.

11. Als Teammitglied
- Stellt Verfahren und Methoden infrage;
- löst Probleme;
- verlangt Erlaubnis, Ergebnisse erneut zu überprüfen und zu testen;
- übernimmt Forschungsaufgaben/Recherche.

12. Bevorzugte Aufgaben/Funktionen
- Kreativ sein, z. B. ein verbessertes Verfahren oder Produkt entwickeln;
- Systematisieren, Ordnung schaffen, z. B. Werkzeuge in der Reihenfolge bereitlegen, in der sie benutzt werden;
- Diagnostizieren, z. B. Probleme bis zu ihrem Ursprung verfolgen.

13. Strategien für mehr Effektivität
- Sich Entspannung gönnen;
- sowohl objektiv als auch fürsorglich sein;
- bei Kritik an der Leistung anderer auf ihre Gefühle achten;
- anderen für ihre Bemühungen Anerkennung schenken;
- mit Menschen zusammenarbeiten, die bessere soziale Fähigkeiten haben und besser mit Spannungen umgehen können (Verhaltenstendenzen 12, 21, 23).

>> *Gehen Sie jetzt auf Seite 137. Lesen Sie die Interpretationen Ihrer Verhaltenskennzahl von allen 13 Punkten noch einmal durch.*

>> *Wie stark stimmen Sie zu? Bewerten Sie den Grad Ihrer Zustimmung in der Reaktionstabelle auf Seite 137, indem Sie eine Zahl zwischen 1 und 9 einkreisen.*

>> *Beantworten Sie danach die Fragen auf Seite 138 und 139.*

Verhaltenstendenz 21/ID

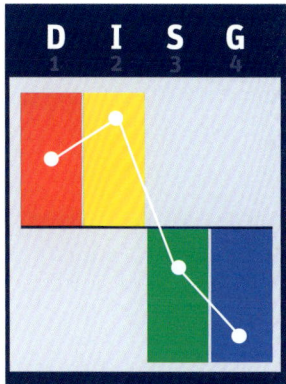

1. Verhaltenstendenz
- Nutzt die Motivation anderer;
- zieht die Aufmerksamkeit anderer durch eine positive Einstellung und eine überlegte Sprache auf sich;
- erhält Unterstützung von anderen;
- versucht, frühere Erfolge zu wiederholen;
- wird ärgerlich, wenn Routine ihn/sie festnagelt;
- möchte gut aussehen und sich gut fühlen;
- mag keine undurchsichtigen Situationen;
- kann am ehesten als *Überzeuger* bezeichnet werden.

2. Mögliche Schwächen
- Mag keine Routine;
- vermeidet eintönige Kleinarbeit;
- beendet schlecht gewählte Projekte nicht;
- preist Dinge übermäßig an und ist zu enthusiastisch.

3. Bewältigung von Aufgaben
- Freut sich über Gelegenheiten, die eigenen Talente zu zeigen;

- fasst Pläne in Worte;
- weckt Hoffnungen durch emotionale Sprache;
- untermauert Begeisterung durch praktische Veranlagung;
- überlässt Kleinarbeit anderen;
- treibt erfolgreiche Projekte voran.

4. Grundtendenz
- Erfolgreiche Resultate erwarten.

5. Motivation
- Möglichkeit, das persönliche Bedürfnis nach Selbstbehauptung, Zugehörigkeit und besonderen Leistungen zu befriedigen;
- arbeitet gut, wenn er/sie Kontakt mit verschiedenartigen Menschen aufnehmen kann.

6. Persönliche Werte
- Herausforderungen;
- Wettbewerb;
- Kontakt zu anderen;
- Anerkennung.

7. Überzeugt andere
- Gibt neuen Schwung;
- hebt Chancen hervor;
- passt sich der Persönlichkeit des Zuhörers an;
- ist freundlich und umgänglich;
- arbeitet in physischer Nähe zu anderen;
- entfernt Barrieren;
- kann andere sowohl von materiellen als auch von immateriellen Dingen sehr gut überzeugen.

8. Umgang mit Konflikten
- Zusammenarbeit;

- entgegnet Kritik von Gegnern mit Witz und Humor;
- ist bereit, die Wünsche aller zu befriedigen.

9. Reaktion unter Druck
- Geduld;
- fasst Probleme in Worte;
- plant, um Bewegung in die Sache zu bringen.

10. Als Teamleiter
- Demokratische Führungskraft, die das Bedürfnis des Teams nach interessanten Aktivitäten erfüllt;
- behandelt andere fair;
- baut Brücken zwischen gegnerischen Lagern.

11. Als Teammitglied
- Widmet sich gerne schwierigen Aufgaben;
- leitet Maßnahmen in die Wege;
- äußert sich nachdrücklich zu Themen, die andere vermeiden oder verleugnen;
- spricht für Teammitglieder, die sich weniger gut behaupten können.

12. Bevorzugte Aufgaben/Funktionen
- Erkenntnisse nutzen, z. B. andere überzeugen;
- Beziehungen entwickeln, z. B. eine Kommunikationsbasis mit einem Kunden aufbauen;
- Führen, andere anleiten, z. B. dem Team helfen zu erkennen, was möglich ist.

13. Strategien für mehr Effektivität
- Ein langsameres Tempo einlegen;
- Erschöpfungszustände vermeiden;
- aufrichtig loben;
- anderen Zeit geben, Zweifel, Sorgen und Einwände vorzubringen;
- Dinge nicht übermäßig anpreisen.

- erkennen, wann man aufhören muss, andere zu überreden;
- mit anderen zusammenarbeiten, die besser organisieren und systematisch planen können (Verhaltenstendenz 13, 14, 34).

>> *Gehen Sie jetzt auf Seite 137. Lesen Sie die Interpretationen Ihrer Verhaltenskennzahl von allen 13 Punkten noch einmal durch.*
>> *Wie stark stimmen Sie zu? Bewerten Sie den Grad Ihrer Zustimmung in der Reaktionstabelle auf Seite 137, indem Sie eine Zahl zwischen 1 und 9 einkreisen.*
>> *Beantworten Sie danach die Fragen auf Seite 138 und 139.*

Verhaltenstendenz 23/IS

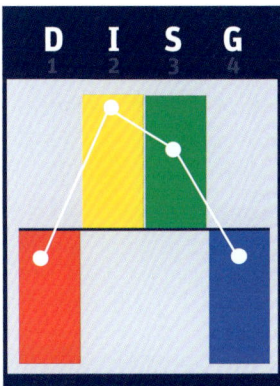

1. Verhaltenstendenz
- Nimmt Kontakt mit Menschen auf, um ein angenehmes und freundliches Umfeld zu schaffen;
- baut Brücken zwischen einzelnen Mitarbeitern und Arbeitsteams;
- andere verspüren Zuneigung für ihn/sie;
- ist oft zu verständig und zieht andere nicht für ihre Handlungen zur Rechenschaft;
- teilt mit anderen und bindet sie in die Entscheidungsfindung ein;
- kann am ehesten als *Harmonisierer* bezeichnet werden.

2. Mögliche Schwächen
- Versucht problematischen Themen auszuweichen;
- gibt bei Verhandlungen zu viel auf;
- findet es schwierig, Freunden oder Mitarbeitern zu widersprechen;
- empfindet Kritik an seiner/ihrer Arbeit als persönlichen Angriff.

3. Bewältigung von Aufgaben
- Pflegt Freundschaften und verbreitet Harmonie;
- stellt fest, welches Ziel und welche Anforderungen eine Aufgabe hat;

- erfüllt die Aufgabe, aber arbeitet nach längeren Phasen der Zusammenarbeit zwischendurch auch gerne wieder alleine.

4. Grundtendenz
- Andere unterstützen und sie in die Lage versetzen, sich selbst zu helfen.

5. Motivation
- Möglichkeit, das persönliche Bedürfnis nach Akzeptanz, Loyalität und Vertrauen zu befriedigen;
- arbeitet gut, wenn die Zusammenarbeit mit anderen freundlich und informell ist.

6. Persönliche Werte
- Freundschaft;
- Unabhängigkeit;
- Sicherheit;
- Pflichterfüllung.

7. Überzeugt andere
- Sucht gemeinsame Interessengebiete und Freunde/Kollegen;
- sucht Augenkontakt, hat einen angenehmen Gesichtsausdruck und eine lockere Einstellung;
- baut persönliche Beziehungen auf;
- kann andere von materiellen Dingen relativ gut und von immateriellen Dingen sehr gut überzeugen.

8. Umgang mit Konflikten
- Macht Kompromisse, behält aber gleichzeitig die persönlichen Ziele im Auge;
- vermeidet direkte Angriffe.

9. Reaktion unter Druck
- Zwingt sich, Details bis zum Ende zu verfolgen, und sucht dabei die Unterstützung anderer.

10. Als Teamleiter
I Menschenorientierte Führungskraft, die dem Team Rückhalt gibt, indem sie individuelle Beiträge anerkennt und belohnt;
I gibt indirekte Anweisungen.

11. Als Teammitglied
I Räumt Hindernisse aus dem Weg und vermittelt zwischen Teammitgliedern;
I sorgt vor Beginn einer Arbeit für harmonische Beziehungen.

12. Bevorzugte Aufgaben/Funktionen
I Kompromisse machen, z. B. einen Ausgleich zwischen den Bedürfnissen der anderen und der Lösung schaffen;
I anleiten, z. B. trainieren und beraten;
I vorhandene Mittel nutzen.

13. Strategien für mehr Effektivität
I Aufgaben ordentlich und pünktlich erfüllen;
I wichtige Details verfolgen;
I bei zwischenmenschlichen Konflikten bestimmt und direkt sein;
I energischer werden;
I mit anderen zusammenarbeiten, die besser auf Fakten basierende Erkenntnisse entwickeln können (Verhaltenstendenz 14, 34, 41).

>> *Gehen Sie jetzt auf Seite 137. Lesen Sie die Interpretationen Ihrer Verhaltenskennzahl von allen 13 Punkten noch einmal durch.*
>> *Wie stark stimmen Sie zu? Bewerten Sie den Grad Ihrer Zustimmung in der Reaktionstabelle auf Seite 137, indem Sie eine Zahl zwischen 1 und 9 einkreisen.*
>> *Beantworten Sie danach die Fragen auf Seite 138 und 139.*

Verhaltenstendenz 24/IG

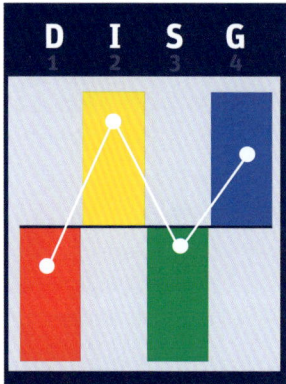

1. Verhaltenstendenz
- Erfüllt die Bedürfnisse anderer;
- rechnet mit Schwierigkeiten und bereitet sich darauf vor;
- ist einfallsreich;
- improvisiert, bringt Dinge voran;
- liefert plausible Gründe für Richtungsänderungen;
- bewertet Ereignisse und Menschen kritisch;
- ist offen für neue oder bestechende Ideen;
- kann am ehesten als *Stratege* bezeichnet werden.

2. Mögliche Schwächen
- Legt es manchmal auf Machtproben an und weigert sich nachzugeben;
- vernachlässigt Routineaufgaben;
- nutzt Verzögerungstaktiken, wenn Informationen fehlen;
- ist manchmal scharfzüngig.

3. Bewältigung von Aufgaben
- Nutzt Beobachtungsgabe, Beurteilungs- und Planungsfähigkeit;
- hält sich zurück, auch wenn er/sie loslegen will;

- hört stattdessen aufmerksam zu, was andere denken;
- teilt Lob und Tadel mit anderen.

4. Grundtendenz
- Plant unvorhergesehene Ereignisse ein.

5. Motivation
- Möglichkeit, das persönliche Bedürfnis nach Selbstbehauptung, Individualität und ungewöhnlichen Leistungen zu befriedigen;
- arbeitet gut, wenn er/sie die eigenen Fähigkeiten und Fertigkeiten zur Geltung bringen kann.

6. Persönliche Werte
- Wettbewerb;
- Kreativität;
- Anerkennung;
- Macht/Führung.

7. Überzeugt andere
- Stellt die Nützlichkeit einer Idee/eines Produkts heraus;
- ermutigt andere durch inspirierende Worte, öfter jedoch durch Skizzierung Erfolg versprechender Maßnahmen;
- zeigt Offenheit, Vertrauen und persönliches Interesse für andere;
- kann andere sowohl von materiellen als auch von immateriellen Dingen sehr gut überzeugen.

8. Umgang mit Konflikten
- Zusammenarbeit;
- die Schachzüge von Provokateuren voraussehen;
- ruhig bleiben;
- mit vorhandenen Ressourcen zurechtkommen;
- Übereinstimmungen suchen.

9. Reaktion unter Druck
I Wird wettbewerbsorientiert;
I nutzt geistige Flexibilität und Schläue;
I setzt neue Methoden ein;
I erhöht die Effektivität.

10. Als Teamleiter
I Vielseitige Führungskraft, die das Team bei kreativen und prozesstechnischen Problemen unterstützt;
I trifft bei der Auswahl wichtiger Mitarbeiter vernünftige Entscheidungen.

11. Als Teammitglied
I Nähert sich dem Machtzentrum;
I macht sich beim Teamleiter und bei Teammitgliedern als Berater nützlich.

12. Bevorzugte Aufgaben/Funktionen
I Konstruktion und Entwicklung, z. B. Ausarbeitung von Arbeitsplänen und -verfahren;
I Diagnose, z. B. Probleme bis zu ihrem Ursprung verfolgen;
I Verkauf, Werbung, Verhandlung, Überzeugung, z. B. Beeinflussung anderer in Bezug auf ein Produkt oder eine Idee.

13. Strategien für mehr Effektivität
I Versprechen einhalten;
I Verpflichtungen erfüllen;
I beim Umgang mit anderen Sensibilität zeigen;
I Verzögerungstaktiken vermeiden;
I realistische Kontrollen akzeptieren;
I auch ungünstige Beurteilungen freundlich akzeptieren;
I mit anderen zusammenarbeiten, die sich besser mit spezifischen Details beschäftigen können (Verhaltenstendenz 3, 13, 234).

>> *Gehen Sie jetzt auf Seite 137. Lesen Sie die Interpretationen Ihrer Verhaltenskennzahl von allen 13 Punkten noch einmal durch.*
>> *Wie stark stimmen Sie zu? Bewerten Sie den Grad Ihrer Zustimmung in der Reaktionstabelle auf Seite 137, indem Sie eine Zahl zwischen 1 und 9 einkreisen.*
>> *Beantworten Sie danach die Fragen auf Seite 138 und 139.*

Verhaltenstendenz 31/SD

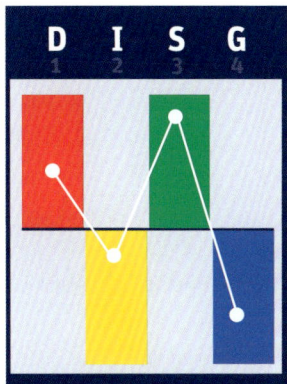

1. Verhaltenstendenz
- Kritischer Zuhörer;
- sucht nach Schwächen in konträren Positionen;
- ist eifrig, sorgfältig und wachsam;
- verknüpft Fakten, um neue Arbeitsmethoden zu entwickeln;
- verschafft sich Respekt durch Handlungen, weniger durch Worte;
- stellt unliebsame Fragen;
- sammelt gerne Wissen an und entwickelt oft Fachkenntnisse auf einem bestimmten Gebiet;
- kann am ehesten als *Spezialist* bezeichnet werden.

2. Mögliche Schwächen
- Kann zu emotionalen Menschen nur schwer Vertrauen fassen;
- ist distanziert;
- erscheint manchmal unsicher;
- will keine neuen Fähigkeiten lernen ohne die entsprechende Belohnung.

3. Bewältigung von Aufgaben
- Plant und führt Aufgaben aus;

- kommuniziert direkt und prägnant;
- löst Probleme unabhängig;
- neigt zu einfachen Lösungen;
- verteilt Lob und Tadel aufgrund von Produktivität.

4. Grundtendenz
- Auswertbare Ergebnisse einfordern.

5. Motivation
- Möglichkeit, das persönliche Bedürfnis nach Erfüllung, Fachkenntnissen und Hochleistung zu befriedigen;
- arbeitet gut, wenn Gleichgestellte mit gemeinsamen Zielen ihm/ihr Respekt entgegenbringen.

6. Persönliche Werte
- Anerkennung;
- Aufklärung;
- Pflichterfüllung;
- Kontrolle.

7. Überzeugt andere
- Setzt Vernunft statt Gefühl ein;
- hebt einige harte, unverrückbare Fakten hervor und verlangt von anderen, ihre Ablehnung zu rechtfertigen;
- kann andere von materiellen und immateriellen Dingen relativ gut überzeugen.

8. Umgang mit Konflikten
- Zusammenarbeit;
- erkennt die Fehlleitung von Bemühungen, die den Fortschritt verlangsamen;
- sucht bei der Ausarbeitung einer Lösung die Hilfe anderer.

9. Reaktion unter Druck
- Selbstbeherrschung;
- baut auf gewohnten Schemata auf;
- kümmert sich um winzige Details.

10. Als Teamleiter
- Pragmatische Führungskraft;
- hilft dem Team, als Gruppe anstatt als Einzelpersonen zu arbeiten;
- steht zu seiner/ihrer Abhängigkeit von anderen bei sozialen Aufgaben.

11. Als Teammitglied
- Überprüft die Richtigkeit der Meinung anderer;
- wirkt ausgleichend und stellt sicher, dass Zweck und Ziel klar sind.

12. Bevorzugte Aufgaben/Funktionen
- Konzentration auf bestimmte Aufgaben, z. B. Prioritäten setzen;
- Forschung, Informationssammlung, z. B. die besten Lieferanten aussuchen;
- reparieren oder zusammenbauen.

13. Strategien für mehr Effektivität
- Flexibilität und Bereitschaft, eine Strategie zu überdenken;
- Ideen bildlich erläutern;
- tiefen und manchmal unberechtigten Groll vermeiden;
- mit anderen zusammenarbeiten, die taktvoller und überzeugender kommunizieren können (Verhaltenstendenz 21, 123, 124).

>> *Gehen Sie jetzt auf Seite 137. Lesen Sie die Interpretationen Ihrer Verhaltenskennzahl von allen 13 Punkten noch einmal durch.*
>> *Wie stark stimmen Sie zu? Bewerten Sie den Grad Ihrer Zustimmung in der Reaktionstabelle auf Seite 137, indem Sie eine Zahl zwischen 1 und 9 einkreisen.*
>> *Beantworten Sie danach die Fragen auf Seite 138 und 139.*

Verhaltenstendenz 32/SI

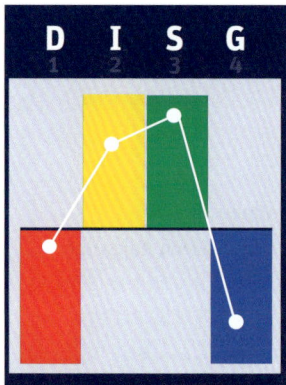

1. Verhaltenstendenz

- Schafft eine Atmosphäre guten Willens, hört aufmerksam zu;
- gibt anderen, was sie wirklich brauchen, auch wenn es zusätzliche Mühe kostet;
- ist offen für neue Ideen und Verfahren;
- nimmt die Meinung anderer ernst;
- ahmt erfolgreiche Kollegen nach;
- organisiert;
- überprüft wichtige Details;
- ist ehrlich, warmherzig und anerkennend;
- kann am ehesten als *Helfer* bezeichnet werden.

2. Mögliche Schwächen

- Vermeidet wichtige Konfrontationen;
- arbeitet bis zur Erschöpfung für andere;
- neigt dazu, willensstarken Menschen zu folgen;
- ist unter Druck unentschlossen und ausweichend.

3. Bewältigung von Aufgaben

- Verwendet bewährte Verfahren;

- zeigt Interesse an technischen Themen und Projekten, die mit Menschen zu tun haben;
- erarbeitet sich Ergebnisse durch Geduld und Anpassung an unterschiedliche Menschen und ihre Arbeitsweise.

4. Grundtendenz
- Für Chancengleichheit und Fairness sorgen.

5. Motivation
- Möglichkeit, die persönlichen Bedürfnisse nach Zugehörigkeit, Loyalität und Selbstaufopferung zu befriedigen;
- arbeitet gut, wenn klar definierte Aufgaben zugewiesen werden.

6. Persönliche Werte
- Freundschaft;
- Pflichterfüllung;
- Stabilität;
- Anerkennung.

7. Überzeugt andere
- Gewinnt ihr Vertrauen;
- schafft eine Atmosphäre, die sich durch klare Kommunikation und gesunden Menschenverstand auszeichnet;
- lobt die Vernunft anderer;
- vermeidet aggressive Methoden;
- kann andere von materiellen Dingen sehr gut und von immateriellen Dingen relativ gut überzeugen.

8. Umgang mit Konflikten
- Entgegenkommen;
- antwortet umfassend auf spitze Fragen;
- versucht, die Gefühle anderer zu beruhigen und Beziehungen aufrechtzuerhalten.

9. Reaktion unter Druck
- Übernimmt mehr Verantwortung;
- wendet sich an Höhergestellte oder Fachleute, um endgültige, wichtige Entscheidungen zu treffen.

10. Als Teamleiter
- Unterstützende Führungskraft, die dem Team bei technischen Aufgaben und Projekten, die mit Menschen zu tun haben, beisteht;
- gibt Anweisungen, wenn er/sie darum gebeten wird.

11. Als Teammitglied
- Übernimmt Aufgaben, die andere vielleicht ablehnen würden;
- zeigt Unabhängigkeit, wenn dies erforderlich ist; erschreckt andere manchmal durch Offenheit und Ehrlichkeit.

12. Bevorzugte Aufgaben/Funktionen
- Unterstützung anbieten, z. B. anderen helfen, Stress abzubauen;
- sich um bestimmte Verfahren kümmern, z. B. ordentliche Buchführung;
- Lob und Anerkennung zeigen, z. B. die Beiträge der Teammitglieder anerkennen.

13. Strategien für mehr Effektivität
- Neues wagen;
- Flexibilität bei Routinearbeiten anstreben;
- neue und andere Rollenaufgaben übernehmen;
- andere bitten, bei Details mitzuwirken;
- unnachgiebig sein und sofort konsequent handeln;
- mit anderen zusammenarbeiten, die mehr Risiken eingehen und bessere, kreativere Ideen haben (Verhaltenstendenzen 1, 12, 13).

>> *Gehen Sie jetzt auf Seite 137. Lesen Sie die Interpretationen Ihrer Verhaltenskennzahl von allen 13 Punkten noch einmal durch.*
>> *Wie stark stimmen Sie zu? Bewerten Sie den Grad Ihrer Zustimmung in der Reaktionstabelle auf Seite 137, indem Sie eine Zahl zwischen 1 und 9 einkreisen.*
>> *Beantworten Sie danach die Fragen auf Seite 138 und 139.*

Verhaltenstendenz 34/SG

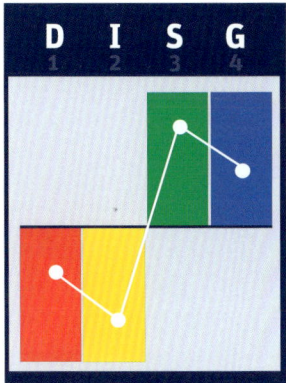

1. Verhaltenstendenz
- Verdient sich Anerkennung;
- ist erfolgreich durch Fleiß;
- sammelt Daten, um Schlussfolgerungen zu untermauern;
- strebt nach Sicherheit, indem er/sie sich Gewissheit über Ideen verschafft;
- stellt infrage, macht Kompromisse, erreicht Konsens;
- will Verantwortung mit anderen teilen und lässt andere endgültig entscheiden;
- plant, bevor er/sie etwas verspricht;
- kann am ehesten als *Gralshüter* bezeichnet werden.

2. Mögliche Schwächen
- Ist manchmal pessimistisch;
- neigt dazu, andere vorschnell nach ihrer Erscheinung und ihrem Auftreten zu beurteilen;
- erzeugt manchmal Unbehagen bei Menschen, die eine andere Meinung haben.

3. Bewältigung von Aufgaben
- Eignet sich technische Kenntnisse an;

- arbeitet einen festgelegten Ablauf aus und hält ein konstantes Tempo ein;
- übernimmt unangenehme Verpflichtungen, ohne zu klagen;
- neigt dazu, sich stark auf bewährte Menschen, Produkte oder Ideen zu verlassen.

4. Grundtendenz
- Kalkuliertes und stetiges Tempo vorgeben.

5. Motivation
- Möglichkeit, die persönlichen Bedürfnisse nach Zugehörigkeit, Erfüllung und Vorhersehbarkeit zu befriedigen;
- arbeitet gut, wenn eine detaillierte Aufgabenbeschreibung zur Verfügung steht.

6. Persönliche Werte
- Anerkennung,
- Wissen,
- Sicherheit,
- Stabilität.

7. Überzeugt andere
- Zeigt Standhaftigkeit und Verlässlichkeit;
- hebt die Glaubwürdigkeit früherer Leistungen hervor;
- räumt Nützlichkeit und Pflichterfüllung hohe Priorität ein;
- verwendet gut strukturierte Präsentationen;
- spricht oft mit Manuskript;
- kann andere von materiellen Dingen gut und von immateriellen Dingen relativ gut überzeugen.

8. Umgang mit Konflikten
- Kompromisse mit durchdachtem Ansatz;
- bezieht frühere Erfahrungen mit ein;
- findet eine für alle annehmbare Haltung.

9. Reaktion unter Druck
- Verlässt sich auf die eigene Urteilskraft;
- verschließt sich;
- behält Absichten bis zum geeigneten Augenblick für sich.

10. Als Teamleiter
- Analytische Führungskraft, die das Team bei der Untersuchung von Meinungen und Fakten unterstützt;
- ist uneingeschränkt loyal gegenüber engen Mitarbeitern.

11. Als Teammitglied
- Trägt Aufgaben gemeinsam;
- nutzt gesunden Menschenverstand, praktische Veranlagung und kostengünstige Methoden;
- ist am Gesamtergebnis interessiert.

12. Bevorzugte Aufgaben/Funktionen
- Ein Problem durchdenken, z. B. die Folgen unterschiedlicher Lösungen abwägen;
- Pläne oder Anweisungen konsequent ausführen, z. B. Termine einhalten;
- Geräte bedienen.

13. Strategien für mehr Effektivität
- Sorgen offen und direkt ansprechen;
- nicht überempfindlich auf Kritik reagieren;
- empfänglicher für Veränderungen sein;
- sich schwierigen Menschen stellen;
- Auseinandersetzungen nicht aus dem Weg gehen;
- Geheimnistuerei bei der Planung vermeiden;
- mit anderen zusammenarbeiten, die ihre Meinung besser ausdrücken können (Verhaltenstendenzen 12, 21, 32).

>> *Gehen Sie jetzt auf Seite 137. Lesen Sie die Interpretationen Ihrer Verhaltenskennzahl von allen 13 Punkten noch einmal durch.*
>> *Wie stark stimmen Sie zu? Bewerten Sie den Grad Ihrer Zustimmung in der Reaktionstabelle auf Seite 137, indem Sie eine Zahl zwischen 1 und 9 einkreisen.*
>> *Beantworten Sie danach die Fragen auf Seite 138 und 139.*

Verhaltenstendenz 41/GD

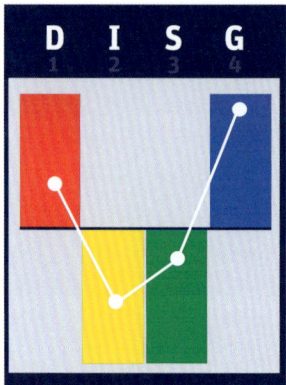

1. Verhaltenstendenz
- Wägt alle Aspekte eines Problems ab;
- hat Schwierigkeiten, die richtige Entscheidung zu treffen;
- trifft Entscheidungen aufgrund von wiederholten Prüfungen und Praxis;
- klärt Probleme und vereinfacht Prozesse;
- wählt ein bedächtiges Tempo, formuliert sorgfältig und gibt genaue Erklärungen;
- umsorgt, hilft, zeigt Einfühlungsvermögen nur gegenüber engen Freunden;
- kann am ehesten als *Experimentierer* bezeichnet werden.

2. Mögliche Schwächen
- Ist übermäßig ernst und zurückhaltend;
- braucht zu lange für wichtige Entscheidungen;
- gibt mehr Informationen als notwendig.

3. Bewältigung von Aufgaben
- Aktuelle Informationen zu erhalten ist ihm/ihr wichtig;
- unterzieht jede Idee einer Nützlichkeitsprüfung;
- überprüft ursprüngliche Beurteilung mehrmals;

- umfassende Planung macht ihn/sie zuversichtlich;
- macht selten einen Fehlstart, verzögert selten und verschwendet keine Energie.

4. Grundtendenz
- Praktische Ideen und Methoden entwickeln.

5. Motivation
- Möglichkeit, die persönlichen Bedürfnisse nach erkennbaren Leistungen, Alleinsein und Disziplin zu befriedigen;
- arbeitet gut, wenn er/sie überprüfen kann, wie nützlich eine Idee ist.

6. Persönliche Werte
- Kreativität;
- Präzisionsarbeit;
- Anerkennung;
- Stabilität.

7. Überzeugt andere
- Unsicherheit verringern und Versprechen erfüllen;
- andere mit Hilfe von beweiskräftigen Unterlagen überzeugen;
- mit Einwänden ruhig umgehen;
- kann andere von materiellen und von immateriellen Dingen relativ gut überzeugen.

8. Umgang mit Konflikten
- Zusammenarbeit;
- analysieren, Probleme intellektuell zerlegen;
- impulsives Verhalten vermeiden;
- einige strittige Punkte für andere aufgeben.

9. Reaktion unter Druck
- Sorgfältige Vorbereitung;
- Lösungen entwickeln, die zusätzliche Probleme vermeiden können.

10. Als Teamleiter
- Erfindungsreiche Führungskraft;
- hilft dem Team, die Dinge in einem neuen Licht zu betrachten;
- ermuntert das Team, Neues auszuprobieren.

11. Als Teammitglied
- Verfolgt alle möglichen Wege, um Lösungen zu finden;
- strebt nach Qualität, auch wenn er/sie andere dadurch verletzt;
- ermutigt andere, Bewertungen abzugeben.

12. Bevorzugte Aufgaben/Funktionen
- Das, was andere entwickelt haben, einsetzen und darauf aufbauen;
- konstruieren, z. B. Modelle und das Endprodukt;
- erfinden, z. B. Begriffe, Formen, Prozesse, Produkte.

13. Strategien für mehr Effektivität
- Gefühle zeigen, insbesondere Optimismus;
- lächeln;
- lernen, mit möglicher Ablehnung umzugehen;
- mindestens eine vertrauensvolle Person als Sprecher aufbauen;
- andere ermutigen, Dinge infrage zu stellen und Feedback zu geben;
- aufgeschlossen sein;
- anderen eine zweite Chance geben;
- Meinungsverschiedenheiten ausdiskutieren, anstatt sich zurückzuziehen;
- mit anderen zusammenarbeiten, die verbindlicher sind (Verhaltenstendenz 3, 23, 234).

>> *Gehen Sie jetzt auf Seite 137. Lesen Sie die Interpretationen Ihrer Verhaltenskennzahl von allen 13 Punkten noch einmal durch.*
>> *Wie stark stimmen Sie zu? Bewerten Sie den Grad Ihrer Zustimmung in der Reaktionstabelle auf Seite 137, indem Sie eine Zahl zwischen 1 und 9 einkreisen.*
>> *Beantworten Sie danach die Fragen auf Seite 138 und 139.*

Verhaltenstendenz 42/GI

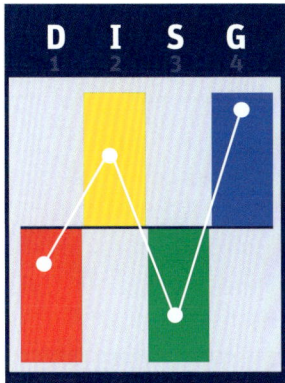

1. Verhaltenstendenz
- Ist freundlich, taktvoll und angenehm;
- zeigt akzeptiertes und berechenbares Verhalten;
- neigt dazu, mehr für sich als für andere im Konjunktiv zu sprechen;
- entwickelt analytische und systematische Ansätze;
- erwartet Belohnungen wie Gehaltserhöhungen und andere Vorteile, wenn er/sie das Richtige tut;
- kann das Ergebnis einer Ereigniskette vorhersagen;
- kann am ehesten als *Gutachter* bezeichnet werden.

2. Mögliche Schwächen
- Übt manchmal harsche Kritik;
- ist in fortgeschrittenen Planungsphasen anderen gegenüber oft ungeduldig;
- ist ängstlich/besorgt, wenn Entscheidungen gefällt werden müssen.

3. Bewältigung von Aufgaben
- Wägt die Wichtigkeit verschiedener Aufgaben ab;
- setzt Prioritäten;
- setzt sehr hohe Ziele;

- knüpft die richtigen Verbindungen;
- ist realistisch;
- erhöht das eigene Interesse durch Flexibilität und jongliert mehrere Projekte gleichzeitig.

4. Grundtendenz
- Überprüfung und Testung von Ideen auf Realisierbarkeit.

5. Motivation
- Möglichkeit, die persönlichen Bedürfnisse nach besonderen Leistungen, Korrektheit und Wissen zu befriedigen;
- arbeitet gut, wenn etwas von Wert und Qualität geschaffen werden kann.

6. Persönliche Werte
- Wettbewerb;
- Aufklärung;
- Akzeptanz;
- ethischer/moralischer Kodex.

7. Überzeugt andere
- Geradlinige Kommunikation;
- veranschaulicht Fakten objektiv und mit etwas Humor gewürzt;
- berät und diskutiert über Kommentare;
- kann andere von materiellen Dingen sehr gut und von immateriellen Dingen relativ gut überzeugen.

8. Umgang mit Konflikten
- Kompromissbereit;
- ermutigt alle, konstruktiv zu sein;
- korrektes Verhalten;
- versucht, einen gemeinsamen Nenner zu finden.

9. Reaktion unter Druck
- Wird wettbewerbsorientiert;
- schützt die eigenen Interessen;
- ist stur und unfreundlich.

10. Als Teamleiter
- Fürsorgliche Führungskraft, die die Vorgehensweise des Teams bestätigt;
- besteht darauf, dass die Richtlinien streng befolgt werden.

11. Als Teammitglied
- Meldet sich freiwillig für Aufgaben, die mit der Perfektion einer Idee/eines Produktes zu tun haben;
- erhält Respekt und Bewunderung, weil er/sie in Stresssituationen ruhig bleibt;
- hält Verpflichtungen ein.

12. Bevorzugte Aufgaben/Funktionen
- Problemlösung, z. B. Hindernisse beseitigen, die die Produktivität einschränken;
- vergleichen, Unterschiede und Ähnlichkeiten feststellen, z. B. Angebote, Produkte.

13. Strategien für mehr Effektivität
- Bei der Bewertung anderer weniger schroff sein;
- Menschen nehmen, wie sie sind;
- ihnen erlauben, eigene Entscheidungen zu treffen;
- auf die Meinung anderer hören;
- Details, die zur Erfüllung einer Aufgabe gehören, konsequent verfolgen, realistische Fristen setzen;
- bei weniger bedeutenden Aspekten eines Problems Entschlossenheit zeigen;
- Einwände leicht überwinden;
- Schuldzuweisungen vermeiden;
- mit anderen zusammenarbeiten, die geduldiger und konsequenter sind (Verhaltenstendenzen 3, 4, 43)

>> *Gehen Sie jetzt auf Seite 137. Lesen Sie die Interpretationen Ihrer Verhaltenskennzahl von allen 13 Punkten noch einmal durch.*
>> *Wie stark stimmen Sie zu? Bewerten Sie den Grad Ihrer Zustimmung in der Reaktionstabelle auf Seite 137, indem Sie eine Zahl zwischen 1 und 9 einkreisen.*
>> *Beantworten Sie danach die Fragen auf Seite 138 und 139.*

Verhaltenstendenz 43/GS

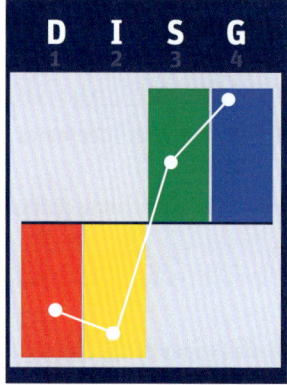

1. Verhaltenstendenz
- Glaubt, Probleme verhindern zu können;
- setzt Verteidigungsstrategien ein, um Schwierigkeiten zu vermeiden;
- hört sich alle Aspekte eines Themas an;
- ist rationell und vernünftig;
- hat ein starkes Bewusstsein für das, was richtig und falsch ist;
- versucht, andere zu Kompromissen zu bewegen;
- spricht überlegt;
- kümmert sich um Details;
- geht kalkulierbare Risiken ein, nachdem er/sie die Fakten gesammelt hat;
- kann am ehesten als *kritischer Denker* bezeichnet werden.

2. Mögliche Schwächen
- Ist manchmal übervorsichtig;
- interessiert sich mehr für Daten als für Menschen;
- verlässt sich auf etablierte Verfahren oder seine/ihre Vorgesetzten.

3. Bewältigung von Aufgaben
- Festigt Kommunikationskanäle und andere Ressourcen;
- stellt fest, ob bestehende Verfahren ausreichend sind;
- will die Qualität verbessern;
- entwickelt hohe Standards;
- besteht auf Strafen für andere, die schlechte Leistung bringen.

4. Grundtendenz
- Aufgaben mit praktischen Fertigkeiten bewältigen.

5. Motivation
- Möglichkeit, die persönlichen Bedürfnisse nach Anwendung von Fachkenntnissen, Wissen und Ordnung zu befriedigen;
- arbeitet gut, wenn das Umfeld klar definiert und frei von Feindseligkeiten ist.

6. Persönliche Werte
- Wissen;
- Präzision;
- Stabilität;
- Anerkennung.

7. Überzeugt andere
- Freundlichkeit und Verantwortungsbewusstsein;
- nennt Pro und Kontra einer Idee/eines Produktes;
- wählt Schlechtinformierten gegenüber den richtigen Ton;
- kann andere von materiellen und von immateriellen Dingen relativ gut überzeugen.

8. Umgang mit Konflikten
- Vermeidung;
- neigt zum Grübeln;
- lässt zu, dass sich negative Gefühle verbreiten und dass Probleme verschleiert werden;
- versucht, Spannungen zu minimieren.

9. Reaktion unter Druck
- Lässt andere führen;
- zieht es vor, den Routineablauf fortzusetzen.

10. Als Teamleiter
- Traditionelle Führungskraft, die dem Bedürfnis des Teams nach Kontinuität entgegenkommt.

11. Als Teammitglied
- Führt zugewiesene Aufgaben aus;
- bespricht sich mit Fachleuten, wenn Zweifel über ein Verfahren oder System bestehen;
- bevorzugt Stabilität anstelle von ungehemmtem Fortschritt.

12. Bevorzugte Aufgaben/Funktionen
- Details viel Aufmerksamkeit schenken, z.B. eine Aufgabenstellung wortwörtlich befolgen;
- ausrechnen und berechnen, z.B. ein Budget aufstellen;
- untermauern oder dokumentieren, z.B. Beweise für etwas liefern.

13. Strategien für mehr Effektivität
- Wärme und Verständnis zeigen;
- Ansichten und Aufgaben in Worte fassen und klar ausdrücken;
- Toleranz für Konflikte entwickeln;
- auch bei Angriffen taktvoll und diplomatisch kommunizieren;
- Fragen stellen, um die Beteiligung anderer zu fördern;
- mit anderen zusammenarbeiten, die Menschen besser zusammenbringen können (Verhaltenstendenzen 2. 42, 234).

>> *Gehen Sie jetzt auf Seite 137. Lesen Sie die Interpretationen Ihrer Verhaltenskennzahl von allen 13 Punkten noch einmal durch.*
>> *Wie stark stimmen Sie zu? Bewerten Sie den Grad Ihrer Zustimmung in der Reaktionstabelle auf Seite 137, indem Sie eine Zahl zwischen 1 und 9 einkreisen.*
>> *Beantworten Sie danach die Fragen auf Seite 138 und 139.*

Verhaltenstendenz 123/DIS

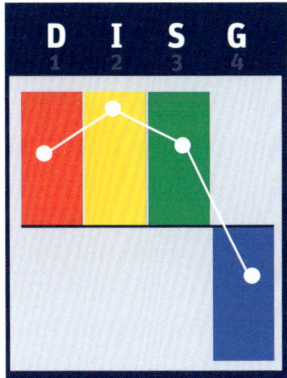

1. Verhaltenstendenz
- Kann mit unterschiedlichen Leuten gut kommunizieren;
- ist bereit, zuzuhören, Fragen zu stellen, zu verhandeln und Kompromisse einzugehen;
- wird von neuen Ideen, guter Laune und freundlich gesinnter Rivalität stimuliert;
- ist selbstbewusst;
- nutzt sowohl Gefühle als auch Fakten, um persönliche Überzeugungen zu untermauern;
- kann am ehesten als *Administrator* bezeichnet werden.

2. Mögliche Schwächen
- Trifft Entscheidungen nur zögerlich, wenn Meinungsverschiedenheiten wahrscheinlich sind;
- neigt bei neuen Projekten zu übermäßiger Selbstkritik;
- verfolgt Einfälle nicht immer mit dem gleichen Schwung.

3. Bewältigung von Aufgaben
- Will bei Arbeit und technischer Leistung die Nase vorn haben;

- formuliert sorgfältig geplante Programme und Abläufe;
- macht außergewöhnliche Teamproduktivität möglich;
- hält realistische Termine ein.

4. Grundtendenz
- Bei der Entwicklung von Alternativen Außergewöhnliches leisten.

5. Motivation
- Möglichkeit, die persönlichen Bedürfnisse nach Leistung, Selbstbehauptung und Zugehörigkeit zu befriedigen;
- arbeitet gut, wenn er/sie gegen den Strom schwimmen und sich einen Vorteil verschaffen kann.

6. Persönliche Werte
- Menschen;
- Führung;
- Vielfalt;
- Wissen;
- Wettbewerb.

7. Überzeugt andere
- Reagiert bei Konfrontationen überlegt;
- ist jeweils zum richtigen Zeitpunkt gesellig, charmant oder betroffen;
- geht Fragen nach;
- antwortet schnell;
- kann andere sowohl von materiellen als auch von immateriellen Dingen sehr gut überzeugen.

8. Umgang mit Konflikten
- Zusammenarbeit;
- zeigt effektive Lösungen auf;
- hinterfragt die Motive von Andersdenkenden, die gute Absichten zu haben scheinen, versucht jedoch, trotz unterschiedlicher Meinungen einen Konsens zu erreichen.

9. Reaktion unter Druck
- Bewahrt feste Überzeugungen;
- ist stur und widerspenstig.

10. Als Teamleiter
- Anteil nehmende Führungskraft, die dem Team hilft, die Fähigkeiten und Talente jedes einzelnen Teammitglieds zu nutzen, wodurch Unzufriedenheit verringert wird.

11. Als Teammitglied
- Hält realistische Termine ein;
- ist sehr unabhängig;
- sucht Aufgaben, die einen breiten Überblick und Kenntnisse über den gesamten Vorgang erfordern.

12. Bevorzugte Aufgaben/Funktionen
- Menschen und Situationen rasch einschätzen können, sich z. B. aufgrund von wichtigen Details schnell ein Bild machen können;
- andere führen, z. B. eine Vision projizieren;
- Lob und Anerkennung teilen, z. B. Belohnungen aufteilen.

13. Strategien für mehr Effektivität
- Diskussionen in die Wege leiten, um zweideutige Situationen zu klären;
- lernen, diejenigen zu akzeptieren, die bei ihrer praktischen Arbeit traditioneller und konventioneller handeln;
- unvoreingenommen auf Fragen zur Leistung antworten;
- feststellen, wie Anstrengungen bewertet werden;
- mit anderen zusammenarbeiten, die Genauigkeit besser überprüfen können (Verhaltenstendenzen 14, 31, 41).

>> *Gehen Sie jetzt auf Seite 137. Lesen Sie die Interpretationen Ihrer Verhaltens-kennzahl von allen 13 Punkten noch einmal durch.*
>> *Wie stark stimmen Sie zu? Bewerten Sie den Grad Ihrer Zustimmung in der Reaktionstabelle auf Seite 137, indem Sie eine Zahl zwischen 1 und 9 einkreisen.*
>> *Beantworten Sie danach die Fragen auf Seite 138 und 139.*

Verhaltenstendenz 124/DIG

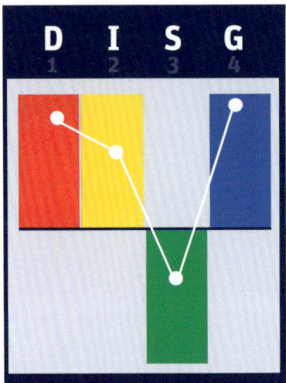

1. Verhaltenstendenz
- Erreicht eine positive Kehrtwende;
- ist fasziniert von neuen Verfahren und Methoden;
- prüft und selektiert die besten Ideen und baut sie in das bestehende System ein, um die Qualität zu verbessern;
- ist fantasievoll, eigensinnig und gewissenhaft;
- liefert praktische und messbare Methoden zur Arbeitsbewertung;
- kann am ehesten als *Vermittler* bezeichnet werden.

2. Mögliche Schwächen
- Verabscheut banale Pflichten und Routinearbeiten;
- hält den Terminplan nicht ein, wenn andere die Kleinarbeit nicht richtig machen;
- gibt langatmige Erklärungen ab, die manchmal als arrogant und gefühllos empfunden werden.

3. Bewältigung von Aufgaben
- Betrachtet Aufgaben unvoreingenommen und sucht nach besseren Methoden;

- ist bereit, schlechte Systeme und Methoden zu ersetzen und neu anzufangen;
- sucht nach neuen Aufgaben;
- Praxis macht ihn/sie erfolgreich.

4. Grundtendenz
- Unmittelbare Ergebnisse erzielen.

5. Motivation
- Möglichkeit, die persönlichen Bedürfnisse nach Können, Individualismus und Zugehörigkeit zu befriedigen;
- arbeitet gut, wenn er/sie verschiedene zielführende Wege ausarbeiten kann.

6. Persönliche Werte
- Herausforderung;
- Kreativität;
- Entscheidungsfindung;
- Vielfalt.

7. Überzeugt andere
- Nutzt gesammelte Informationen direkt und effektiv;
- bereitet den Zuhörer auf eine logische und nutzbringende Entscheidung vor;
- nutzt Humor und witzige Anekdoten, um den trockenen Fakten mehr Farbe und Würze zu verleihen;
- kann andere sowohl von materiellen als auch von immateriellen Dingen sehr gut überzeugen.

8. Umgang mit Konflikten
- Kompromisse;
- kommt den anderen entgegen;
- gibt Teile seiner persönlichen Ziele für das große Ganze auf und überzeugt andere, das Gleiche zu tun.

9. Reaktion unter Druck
- Ist gelassen und zeigt Selbstvertrauen;
- bittet andere, bei Kleinarbeit zu helfen.

10. Als Teamleiter
- Vermittelnde Führungskraft, die dem Team hilft, gerechtfertigte Meinungsverschiedenheiten zu überbrücken;
- versucht, eine Sache aus verschiedenen Blickwinkeln zu betrachten.

11. Als Teammitglied
- Lernt neue Fertigkeiten;
- nimmt unterschiedliche Rollen im Team ein;
- hilft, Antiquiertes neu zu gestalten.

12. Bevorzugte Aufgaben/Funktionen
- Kreativität bei der Entwicklung neuer Symbole oder Bilder zeigen, z. B. neue Slogans, Melodien, Themen für Artikel, Newsletter erfinden;
- Erkenntnisse auf Menschen anwenden, z. B. ein motivierendes Umfeld schaffen;
- erfinden, z. B. Begriffe, Formen, Produkte.

13. Strategien für mehr Effektivität
- Auch mit Menschen, die ihre Verantwortung vernachlässigen, fair umgehen;
- besseres Zeitmanagement, um sicherzustellen, dass auch Kleinarbeit effizient gehandhabt wird;
- erfahrene Fachleute respektieren;
- verschiedene Menschen zusammenbringen;
- mit Menschen zusammenarbeiten, die Aufgaben besser konsequent durchziehen können (Verhaltenstendenz 31, 34, 41).

>> *Gehen Sie jetzt auf Seite 137. Lesen Sie die Interpretationen Ihrer Verhaltenskennzahl von allen 13 Punkten noch einmal durch.*
>> *Wie stark stimmen Sie zu? Bewerten Sie den Grad Ihrer Zustimmung in der Reaktionstabelle auf Seite 137, indem Sie eine Zahl zwischen 1 und 9 einkreisen.*
>> *Beantworten Sie danach die Fragen auf Seite 138 und 139.*

Verhaltenstendenz 134/DSG

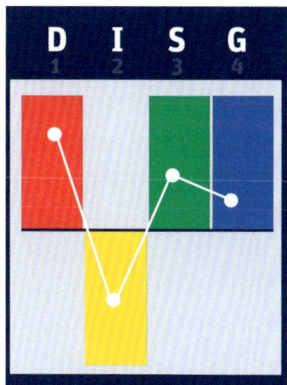

1. Verhaltenstendenz
- Bringt Glaubwürdigkeit in ungeordnete Situationen;
- hat Erfolg bei der Lösung komplexer Probleme;
- baut eine Datenbank auf und entwickelt daraus Prozesse;
- hält sich an Regeln und Vorschriften;
- übernimmt von anderen schwierige oder unangenehme Aufgaben;
- Smalltalk liegt ihm/ihr nicht, oft arbeitet er/sie alleine;
- kann am ehesten als *Designer* bezeichnet werden.

2. Mögliche Schwächen
- Neigt dazu, die eigene Zeit als wertvoller zu betrachten als die Zeit anderer;
- schweigt beharrlich, wenn andere die Erwartungen nicht erfüllen.

3. Bewältigung von Aufgaben
- Sucht Aufgaben, die die eigene Begeisterung wecken, findet z. B. neue Lösungen und Konzepte, wie das Zusammenleben besser funktioniert;
- setzt Theorien in die Praxis um;
- verallgemeinert nicht, sondern denkt im Speziellen;
- geht bei neuen Projekten rasch vor.

4. Grundtendenz
- Kombination von Analyse und Intuition.

5. Motivation
- Möglichkeit, die persönlichen Bedürfnisse nach Individualität, Erfüllung und Wissen zu befriedigen;
- arbeitet gut, wenn er/sie für ungewöhnliche Leistungen belohnt wird.

6. Persönliche Werte
- Herausforderungen;
- ethischer/moralischer Kodex;
- Kreativität;
- genaues Arbeiten.

7. Überzeugt andere
- Einsatz von Fachwissen;
- Aufzeigen eines klaren Ziels;
- Fragen vorhersehen und sie bereits im Vorfeld beantworten;
- Einwände oft abwenden;
- kann andere von materiellen Dingen sehr gut und von immateriellen Dingen schlecht überzeugen.

8. Umgang mit Konflikten
- Konfrontation;
- versucht Opposition nicht nur zu überwinden, um andere zu dominieren, sondern um die Überlegenheit der eigenen Anstrengungen zu zeigen.

9. Reaktion unter Druck
- Überlegt und untersucht, bevor er/sie direkte Maßnahmen trifft;
- ist bereit, komplexe Probleme anzugehen.

10. Als Teamleiter
- Tatsachenorientierte Führungskraft, die dem Team solide Informationen und eine rationale Basis zum Handeln liefert.

11. Als Teammitglied
- Will wissen, wie Dinge funktionieren und zusammenpassen;
- sucht nach dem Wesentlichen unter der Oberfläche;
- klärt Zweideutigkeiten;
- ordnet Daten.

12. Bevorzugte Aufgaben/Funktionen
- Analysieren, klassifizieren, z. B. Teile zusammenfügen;
- testen, durchleuchten, z. B. die besten Methoden finden;
- anwenden, forschen, andere über neues Wissen und neue Verfahren informieren und sie ausbilden.

13. Strategien für mehr Effektivität
- Taktvoll kommunizieren;
- mehr Geduld für routinemäßige Kleinarbeit aufbringen, sobald ein Projekt auf den Weg gebracht ist;
- die Einfälle und Erfahrungen anderer berücksichtigen;
- die Anstrengungen anderer anerkennen;
- mit dem eigenen Überlegenheitsgefühl umgehen;
- mit anderen zusammenarbeiten, die besser kommunizieren und direktere Methoden entwickeln können (Verhaltenstendenz 13, 24, 42).

>> *Gehen Sie jetzt auf Seite 137. Lesen Sie die Interpretationen Ihrer Verhaltenskennzahl von allen 13 Punkten noch einmal durch.*
>> *Wie stark stimmen Sie zu? Bewerten Sie den Grad Ihrer Zustimmung in der Reaktionstabelle auf Seite 137, indem Sie eine Zahl zwischen 1 und 9 einkreisen.*
>> *Beantworten Sie danach die Fragen auf Seite 138 und 139.*

Verhaltenstendenz 234/ISG

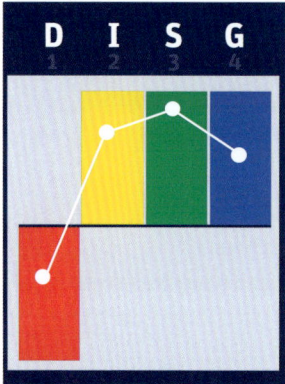

1. Verhaltenstendenz
- Baut harmonische Beziehungen auf;
- betrachtet Traditionen und Rituale als nützlich für die Festigung von Beziehungen;
- unterstützt andere bei Planung und Organisation;
- ist sachkundig und freundlich;
- analysiert Probleme und deckt Ungereimtheiten auf;
- formuliert wertend, wenn er/sie enttäuscht oder verstimmt ist;
- legt viel Wert auf Kenntnisse in Fachgebieten;
- kann am ehesten als *Praktiker* bezeichnet werden.

2. Mögliche Schwächen
- Widersetzt sich nicht gerne starken Persönlichkeiten;
- delegiert wichtige Aufgaben nur zögerlich an andere;
- neigt dazu, enge Freunde zu schützen.

3. Bewältigung von Aufgaben
- Übernimmt Verantwortungsbereiche, die andere zu belasten scheinen;
- freut sich, aufgrund von Kenntnissen und Fertigkeiten ausgewählt zu werden;

- wendet geordnete Verfahren an, um die Arbeit zu systematisieren;
- stellt Aufgaben termingerecht fertig.

4. Grundtendenz
- Eine Atmosphäre der Zusammenarbeit schaffen.

5. Motivation
- Möglichkeit, die persönlichen Bedürfnisse nach Erfüllung, Zugehörigkeit und Vertrauen zu befriedigen;
- arbeitet gut, wenn er/sie ehrlich und freundlich behandelt wird.

6. Persönliche Werte
- Wissen;
- Stabilität;
- Anerkennung;
- Pflichterfüllung.

7. Überzeugt andere
- Schafft eine Atmosphäre des Wohlwollens;
- arbeitet an dauerhaften Beziehungen;
- stellt fest, welche Interessen die Zuhörer haben, und bereitet Einleitungen zur Konversation vor;
- schmeichelt spontan;
- kann andere von materiellen und immateriellen Dingen relativ gut überzeugen.

8. Umgang mit Konflikten
- Kompromissbereitschaft;
- ermutigt die Parteien, sowohl negative als auch positive Gefühle zu äußern;
- arbeitet am Aufbau von Vertrauen;
- schlägt den Mittelweg vor.

9. Reaktion unter Druck
- Macht sich übermäßige Sorgen über die Zukunft;
- ist offen für Alternativen.

10. Als Teamleiter
- Arbeitsame Führungskraft, die dem Team ein Vorbild für zielorientiertes und qualitätsbewusstes Engagement ist;
- eignet sich in bestimmten Bereichen Fachkenntnisse an.

11. Als Teammitglied
- Entwickelt einen bequemen, aber produktiven Arbeitsablauf für sich selbst und andere;
- vermeidet Missgeschicke und teure Fehler durch eine gemäßigte Vorgehensweise.

12. Bevorzugte Aufgaben/Funktionen
- Organisieren, z. B. Maßnahmen planen;
- die Wünsche anderer genau erkennen, z. B. den Bedarf an Büroausstattung feststellen;
- mit Sprache umgehen, lehren, ausbilden, z. B. kleine Gruppen anleiten.

13. Strategien für mehr Effektivität
- Andere, wenn nötig, direkt konfrontieren;
- anerkennen, dass man sich auf andere verlassen muss, die technische und fachliche Details liefern;
- Kontakte außerhalb des Freundeskreises suchen;
- anderen negative Gefühle mitteilen;
- mit anderen zusammenarbeiten, die ihre Unzufriedenheit offener ausdrücken können (Verhaltenstendenz 1, 12, 124).

>> *Gehen Sie jetzt auf Seite 137. Lesen Sie die Interpretationen Ihrer Verhaltenskennzahl von allen 13 Punkten noch einmal durch.*
>> *Wie stark stimmen Sie zu? Bewerten Sie den Grad Ihrer Zustimmung in der Reaktionstabelle auf Seite 137, indem Sie eine Zahl zwischen 1 und 9 einkreisen.*
>> *Beantworten Sie danach die Fragen auf Seite 138 und 139.*

Zustimmung

Wie stark stimmen Sie den einzelnen Punkten zu?
Sie haben in jeweils 13 Punkten Ihre individuelle Verhaltenstendenz (Kennzahl) durchgelesen. Überprüfen Sie nun noch einmal alle 13 Punkte bei der Beschreibung Ihrer Kennzahl und entscheiden Sie: Inwieweit stimmen Sie zu?

Kreisen Sie in der nachfolgenden Tabelle eine Zahl zwischen 1 (Ich stimme zu) und 9 (Ich stimme nicht zu) ein.

Meine Reaktion auf	Ich stimme zu			Ich habe Zweifel			Ich stimme nicht zu		
1. Verhaltenstendenz	1	2	3	4	5	6	7	8	9
2. Mögliche Schwächen	1	2	3	4	5	6	7	8	9
3. Bewältigung von Aufgaben	1	2	3	4	5	6	7	8	9
4. Grundtendenz	1	2	3	4	5	6	7	8	9
5. Motivation	1	2	3	4	5	6	7	8	9
6. Persönliche Werte	1	2	3	4	5	6	7	8	9
7. Überzeugt andere	1	2	3	4	5	6	7	8	9
8. Umgang mit Konflikten	1	2	3	4	5	6	7	8	9
9. Reaktion unter Druck	1	2	3	4	5	6	7	8	9
10. Als Teamleiter	1	2	3	4	5	6	7	8	9
11. Als Teammitglied	1	2	3	4	5	6	7	8	9
12. Bevorzugte Aufgaben/Funktionen	1	2	3	4	5	6	7	8	9
13. Strategien für mehr Effektivität	1	2	3	4	5	6	7	8	9

Auswertung: Erfolgsstrategien entwickeln

*Schreiben Sie hier die **drei wichtigsten Erkenntnisse** auf, die Sie aus der Interpretationsstufe 2 gewonnen haben.*

1. _____
   _____

2. _____
   _____

3. _____
   _____

Wie kann die Erkenntnis aus der Spalte „Verhaltenstendenz" Sie in der Erledigung Ihrer täglichen Aufgaben unterstützen?

_____
_____
_____
_____
_____
_____
_____

Wie beeinflussen die Erkenntnisse über Ihre möglichen Schwächen Ihren Arbeitsalltag?

---

*Bitte sehen Sie sich den Teil „Strategien für mehr Effektivität" Ihres Verhaltensstils an. Schreiben Sie **drei Dinge** auf, die Sie umsetzen werden, um noch effektiver zu werden.*

1.

2.

3.

INTERPRETATIONSSTUFE 3

Persönliche Überzeugungen

INTERPRETATIONSSTUFE 3
Persönliche Überzeugungen
basiert auf Diagramm II (inneres Selbstbild)

Ziel der dritten Interpretationsstufe ist die Auseinandersetzung mit Ihrem inneren Begründungssystem. Unser inneres Selbstbild ist wie ein Leitstern. Es bewahrt unsere persönlichen Überzeugungen, wer wir sind und was wir von uns erwarten. Die persönlichen Überzeugungen, die unserem inneren Selbstbild zugrunde liegen – unser Charakter –, wurden bereits früh in unserer Gefühlswelt angelegt.

Trotz der Bedeutung dieser prägenden Jahre überprüfen wir unsere persönlichen Überzeugungen weiterhin, bejahen einige, ändern andere oder lehnen sie ab. Aus diesem Überprüfungsprozess entwickelt sich unser „inneres Begründungssystem", das sich langsam durch Ereignisse im Leben verändert.

Mit der Interpretation des Diagramms II gewinnen Sie Erkenntnisse über Ihr inneres Begründungssystem. Die Positionen der vier Punkte im Diagramm veranschaulichen die Intensität der Empfindungen, die bestimmte persönliche Überzeugungen umgeben.

In Bezug auf die vier Verhaltensdimensionen geht es um die persönlichen Überzeugungen und Handlungsweisen in den Bereichen

- **D** – Entscheidungsfindung,
- **I** – Umgang mit Menschen,
- **S** – Umgang mit Aufgaben,
- **G** – Einhalten von Standards.

Was genau beschreibt das Diagramm II?

Diagramm II ist das innere Selbstbild und beantwortet die Frage: Was passiert, wenn Sie unter Druck geraten? Es ist Ihr inneres Selbstbild, das von Ihren Überzeugungen geprägt ist und sich damit besonders in Situationen unter Druck zeigt. Bei manchen Menschen unterscheidet sich Diagramm I, das äußere Selbstbild, kaum von Diagramm II, dem inneren Selbstbild. Bei anderen Menschen gibt es größere Abweichungen. Auch hier gilt: Es gibt kein falsch und richtig. Es beschreibt einfach Ihre aktuelle Situation in Ihrem Umfeld.

Die Auswertung des Diagramms zeigt auf, welche persönlichen Überzeugungen Ihr Verhalten beeinflussen. Das Bestimmen und Bewerten der persönlichen Überzeugungen kann Ihnen dabei helfen, Ihre Lebensrichtung noch bewusster zu gestalten.

Anleitung: Persönliche Überzeugungen kennenlernen

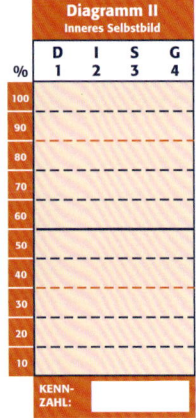

Übertragen Sie hier Ihr Diagramm II und Ihre Kennzahl von Seite 49.

- Übertragen Sie Ihr Diagramm II und Ihre Kennzahl von der Seite 49 in die nebenstehende Abbildung.
- Sehen Sie sich die Prozentzahlen (10–100) von Diagramm II an.

Diese Prozentzahlen übertragen Sie jetzt für D, I, S und G folgendermaßen:
- Auf den Seiten 146 bis 149 finden Sie die Übersicht persönlicher Überzeugungen.
- Suchen Sie Ihre Prozentzahl für D auf Seite 146.
- Markieren Sie die Beschreibung, die der betreffenden Zahl entspricht (siehe Beispiel auf der nächsten Seite).
- Verfahren Sie genauso mit den Seiten für I, S und G.
- Lesen Sie die Zusammenfassungen der persönlichen Überzeugungen und die dazugehörigen Erläuterungen.
- Reflektieren Sie anschließend ab Seite 150.

Beispiel:
Persönliche Überzeugungen
kennenlernen

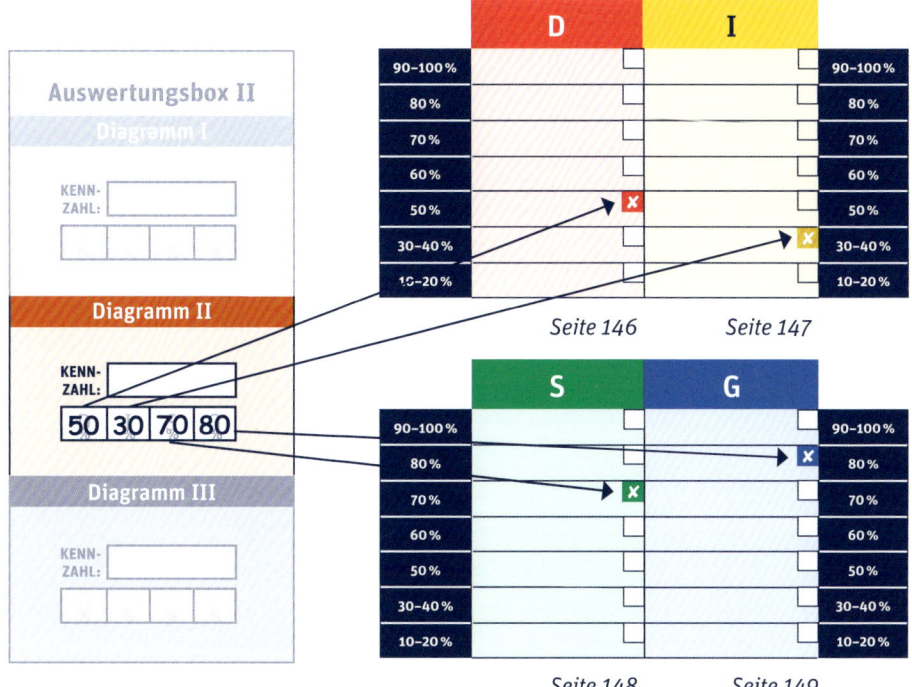

Übertragen Sie jetzt Ihre
Werte aus Diagramm II
auf die Seiten 146–149.

D

Persönliche Überzeugungen und Entscheidungsfindung

90–100 % — **Will verantwortlich sein**
- Will das letzte Wort haben;
- verwendet Fakten und logische Argumente, um andere zu bezwingen;
- stellt sich der Konkurrenz;
- nimmt Herausforderungen an;
- will die Nummer Eins sein.

80 % — **Will schnell ans Ziel kommen**
- Ergreift die Initiative;
- trifft klare, prägnante Entscheidungen, die auf den Anforderungen der Situation beruhen;
- wehrt Widerstand ab;
- trifft Entscheidungen, ohne sich von anderen beeinflussen zu lassen.

70 % — **Will bestimmen**
- Handelt schnell und zuversichtlich, um dabei mächtiger und einflussreicher zu werden;
- sagt, was zu tun ist;
- stellt gegenteilige Meinungen infrage.

60 % — **Will vorhandenes Potenzial nutzen**
- Sucht nach machbaren Lösungen;
- unterstützt andere bei der Entwicklung der Fähigkeit, Entscheidungen zu treffen;
- nutzt seine/ihre Macht sinnvoll;
- gibt nur gegenüber mutiger und respektierter Führung nach.

50 % — **Will Führung akzeptieren**
- Hat relativ starke Überzeugungen, aber gibt etwas nach, wenn andere ihre Meinung nachdrücklich vertreten;
- verbessert die Chancen durch Nähe zu Personen, die Entscheidungen treffen;
- toleriert andere Meinungen.

30–40 % — **Will Für und Wider abwägen**
- Springt nicht unbedacht ins Wasser;
- geht nur kalkulierte Risiken ein;
- setzt sich für besondere Menschen ein, aber vermeidet es, als ehrgeizig angesehen zu werden;
- plant Handlungsweise voraus.

10–20 % — **Will vorsichtig sein**
- Bittet um entschlossene, rechtzeitige Entscheidungen;
- ist anpassungsfähig;
- hält sich an vereinbarte Richtlinien;
- hält wirkliche Gefühle zurück, bis Vertrauen aufgebaut wurde.

I
Persönliche Überzeugungen und Umgang mit Menschen

Will begeistern — 90–100 %
- Kann andere aktivieren;
- ist auf irgendeine Weise außergewöhnlich – Energie, Charme, Beliebtheit;
- verkauft sich mit Humor;
- motiviert andere durch faszinierende Präsentation von Ideen.

Will loben — 80 %
- Ermutigt andere, wenn etwas Positives geschieht;
- beruhigt die Gemüter, um die Gruppe zusammenzuhalten;
- wählt leidenschaftliche, engagierte Menschen aus;
- verlässt sich in problematischen Situationen auf Freunde.

Will neue Wege gehen — 70 %
- Ändert bei Schwierigkeiten die Taktik;
- fördert Diskussionen;
- überzeugt andere davon, alternative Möglichkeiten zu erwägen;
- gibt sich große Mühe, dass sie darauf reagieren.

Will andere mit einbeziehen — 60 %
- Achtet auf Ideen anderer und wählt sie aus;
- ist bereit, anderen zu helfen;
- gibt anderen die Gelegenheit, sich zu äußern;
- verwendet eine wohlwollende Sprache.

Will klare Worte wählen — 50 %
- Wehrt sich gegen Menschen, die die Redefreiheit einschränken wollen;
- setzt klare Maßstäbe für die Kommunikation;
- gibt anderen Feedback und erwartet, dass sie es annehmen;
- erreicht Unterstützung durch Aufrichtigkeit.

Will logisch denken — 30–40 %
- Drückt sich sorgfältig und behutsam aus;
- schaltet emotional ab, wenn andere zu kritisch sind;
- nimmt sich Zeit zum Nachdenken.

Will für sich sein — 10–20 %
- Schweigt, um Missfallen auszudrücken;
- hält andere auf Abstand;
- kritisiert die Verantwortlichen;
- entwickelt Glauben an die eigenen Ideen, um Sicherheit zu gewinnen.

S
Persönliche Überzeugungen und Umgang mit Aufgaben

90–100 %   **Will andere unterstützen**
- Ist zuverlässig;
- weiß die Anstrengungen des Teams zu schätzen;
- tut für andere, was ihnen schwer fällt;
- achtet auf Details; nimmt Beschwerden ernst.

80 %   **Will Aufgaben erfüllen**
- Arbeitet stetig und geduldig;
- mag keine Eile und Termindruck;
- zieht persönliche Verpflichtungen konsequent durch;
- ist verlässlich und aufgeschlossen; macht sich unentbehrlich.

70 %   **Will sich wohl fühlen**
- Sucht Möglichkeiten, sich in ein Team einzubringen;
- hält Dinge in Ordnung;
- bleibt ruhig;
- hinterfragt Arbeit, die persönliche Veränderungen erfordert;
- ist praktisch und verlässlich.

60 %   **Will Anerkennung/Sicherheit bekommen**
- Gibt ein Tempo vor und hält sich daran, wenn die persönlichen Bemühungen anerkannt werden;
- besteht darauf, dass Verantwortlichkeiten klar geregelt sind;
- erwartet, dass Anerkennung gerecht verteilt wird.

50 %   **Will feststellen, wer kompetent ist**
- Zeigt „gerechtfertigten" Ärger, wenn andere aufgeben;
- besteht darauf, dass Teammitglieder gleichwertige Fähigkeiten haben;
- überprüft die Ansichten anderer, aber gibt ihnen Recht, wenn ihre Schlussfolgerungen sich bestätigen.

30–40 %   **Will schnell auf Veränderungen reagieren**
- Sucht neue Herausforderungen;
- schätzt die eigenen Fähigkeiten realistisch ein;
- ist vielseitig;
- steigert die Leistung;
- übt sein Wahlrecht aus; delegiert Aufgaben, wenn möglich.

10–20 %   **Will viele Projekte am Laufen halten**
- Sucht die Freiheit von Strukturen;
- betrachtet Gruppenveranstaltungen als Zeitverschwendung;
- handelt oft spontan;
- zeigt Unzufriedenheit;
- ist rastlos und mobil.

G
Persönliche Überzeugungen und Einhalten von Standards

Will präzise und akkurat sein — 90–100 %
- Durchdenkt Dinge vor dem Handeln;
- hat klare Antworten auf eindringliche Forderungen;
- verteidigt einen Standpunkt mit harten Fakten;
- vermeidet Irrtümer.

Will vernünftig sein — 80 %
- Nimmt Rücksicht auf die Gefühle anderer;
- benutzt Logik, um auf die Bedürfnisse anderer einzugehen;
- bildet sich mit Hilfe von Fakten und Details eine Meinung;
- folgt hohen persönlichen Standards.

Will sich anstrengen — 70 %
- Setzt bewusst hohe Standards;
- kümmert sich intensiv um die Befriedigung der Erwartungen anderer;
- konzentriert sich bei der Qualitätssicherung auf Details;
- zeigt keine Toleranz gegenüber Faulenzern.

Will vorsichtig handeln — 60 %
- Erfüllt äußerlich die Bitten respektierter Personen;
- vermeidet unkontrollierbare Ereignisse;
- vermeidet Feindseligkeit, aber zahlt mit gleicher Münze heim, wenn es zu viel wird.

Will auf Regeln achten — 50 %
- Testet alte und neue Ideen mit Hilfe von Erfahrung und bekannten Fakten;
- nutzt gutes Urteilsvermögen bei der Interpretation von Regeln;
- hilft anderen, ihr falsches Verhalten zu erkennen;
- fördert Selbstdisziplin.

Will unpopuläre Standpunkte deutlich machen — 30–40 %
- Versteckt negative Gefühle, aber stellt Forderungen, wenn nötig;
- kritisiert Menschen, die neue Ideen ersticken wollen;
- rechtfertigt Maßnahmen, die Wahrheit und Gerechtigkeit aufrechterhalten.

Will unabhängig handeln — 10–20 %
- Zeigt Schwächen oder Versagen eines Systems auf, um es zu bewerten;
- gesteht anderen zu, aus Fehlern zu lernen;
- kann ohne strenge Überwachung arbeiten.

Auswertung: Persönliche Überzeugungen reflektieren

Inwieweit treffen die persönlichen Überzeugungen auf Sie zu?

D _____

_____

I _____

_____

S _____

_____

G _____

_____

Welchen Beitrag leisten Sie mit Ihren persönlichen Überzeugungen für Ihr gewähltes Umfeld?

_____

_____

_____

_____

Wo sehen Sie das Positive Ihrer persönlichen Überzeugungen?

_____

_____

_____

_____

Welche potenziellen Begrenzungen können Sie erkennen?

_____

_____

_____

_____

Welche Verhaltensdimensionen möchten Sie gegebenenfalls aufbauen oder verringern, um möglichst positiv in Ihrem Umfeld handeln zu können?

_____

_____

_____

_____

INTERPRETATIONSSTUFE 4

Umgang mit Veränderungen

INTERPRETATIONSSTUFE 4
Umgang mit Veränderungen
basiert auf Diagramm I (äußeres Selbstbild)

Ziel der vierten Interpretationsstufe ist die Beschäftigung mit Ihrem Verhalten hinsichtlich Ihrer Reaktionen auf das Umfeld. Dabei spielt das äußere Selbstbild eine entscheidende Rolle.

Das äußeres Selbstbild ist das Bild, das wir anderen gegenüber zeigen. Es ist das Bild, das die anderen von uns haben sollen. Zum großen Teil hat sich unser äußeres Selbstbild als Reaktion auf die Erwartungen anderer entwickelt. Bei der Anpassung an Veränderungen in unserem Umfeld entwickelt es sich weiter. Wir können mehrere verschiedene äußere Selbstbilder haben, je nachdem, welches Verhalten bestimmte Personen und Situationen erfordern.

Aufschlüsse über unser äußeres Selbstbild liefert die Interpretation von Diagramm I. Jeder Punkt in Diagramm I spiegelt die Intensität einer der vier Faktoren des äußeren Selbstbildes wider. In Bezug auf die vier Verhaltensdimensionen sind es diese Faktoren:

- **D** – Durchsetzungsvermögen,
- **I** – Anerkennung,
- **S** – Leistungsbereitschaft,
- **G** – Gerechtigkeitssinn.

Was genau beschreibt das Diagramm I?

Diagramm I ist das äußere Selbstbild und beantwortet die Fragen: Was denken Sie, wird in diesem Umfeld von Ihnen erwartet? Welches Verhalten sollten Sie zeigen, um erfolgreich zu sein? Dieses Diagramm zeigt Ihre Absichten auf. Was ist Ihr fest beabsichtigtes Wollen? Wenn Sie von Ihrem Vorgesetzten oder Partner mehrfach für Ihre nicht ganz ordentliche Vorgehensweise kritisiert werden, kann es möglich sein, dass Sie entscheiden, dass Sie das verändern wollen. In diesem Fall verändern sich auch Ihre Absichten.

Wie Absichten und Veränderungen zusammenhängen

Unsere anpassungsfähigen Antennen stellen sich auf die Erwartungen anderer ein und signalisieren möglicherweise Veränderungsbedarf. Einen Arbeitsplatz zu finden kann beispielsweise Durchsetzungsvermögen erfordern (D). Den Arbeitsplatz zu behalten kann möglicherweise mehr Leistungsbereitschaft erfordern (S).

Wenn wir lernen, die Intensität der vier Verhaltenstendenzen unseres äußeren Selbstbildes situationsgemäß anzupassen, können wir unterschiedlichen Erwartungen effektiver begegnen. Der Anpassungsprozess läuft folgendermaßen ab:

Absicht + Empfindung = Handlung

Der erste Schritt besteht daher in der Veränderung unserer Absichten. Die Absichten lösen Gefühle aus, die uns veranlassen, in beruflichen und gesellschaftlichen Situationen richtig zu reagieren.

Die Interpretation von Diagramm I zeigt Ihre derzeitigen Absichten auf. Die Interpretation zeigt allerdings auch auf, wo Ihre aktuellen Absichten eventuell nicht sinnvoll und zielführend sein könnten. Genau darum geht es auf den nächsten Seiten.

Anleitung: Absichten unter die Lupe nehmen und Verhalten anpassen

- Übertragen Sie Ihr Diagramm und Ihre Kennzahl von Seite 49 in die nebenstehende Abbildung.
- Lesen Sie die einzelnen Absichten in der Tabelle auf Seite 158 durch.
- In die Spalte „Selbstbewertung" tragen Sie Ihre persönliche Bewertung zwischen 1 und 10 ein. Die 1 ist die höchste Bewertung; Sie vergeben die 1 also für die Absicht, die Ihnen am wichtigsten ist.
- Bitte verwenden Sie jede Zahl nur einmal.
- Suchen Sie nun Ihre Kennzahl aus Diagramm I in der ersten Zeile in der Tabelle auf Seite 159 und kreisen Sie sie ein.
- Kreisen Sie die einzelnen Zahlen in Ihrer Spalte ein und übertragen Sie diese in die Spalte „Standard-Bewertung" in die Tabelle auf Seite 158.
- Kreisen Sie nun die Zahlen in der Spalte „Standard-Bewertung" ein, die die größten Differenzen zur Spalte „Selbstbewertung" aufzeigen.
- Arbeiten Sie die Schritte 1 bis 5 ab Seite 160 durch.

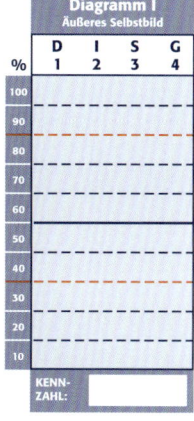

Übertragen Sie hier Ihr Diagramm I und Ihre Kennzahl von Seite 49.

❶ Absichten und Erklärung der Absicht durchlesen. ❷ Absichten selbst bewerten. (Selbstbewertung) ❸ Standard-Bewertungen von Seite 159 übertragen. ❹ Standard-Bewertung überprüfen, nach Bearbeitung von Seite 160–163.

	❶		❷	❸	❹
Absichten	Erklärung der Absicht		Selbst-bewertung	Standard-Bewertung	2. Selbst-bewertung
Neues schaffen:	Ich möchte meine Unzufriedenheit in positive Ideen umwandeln, um Neues zu schaffen.				
Überein-stimmung:	Ich möchte andere zufrieden und glücklich machen, um akzeptiert zu werden.				
Handlungs-fähig sein:	Ich möchte verschiedene neue Interessen entwickeln, um das zu tun, was ich mag.				
Risiken eingehen:	Ich möchte die Grenzen überschreiten, die andere einschränken, um Gelegenheiten zu ergreifen.				
Fakten ein-beziehen:	Ich möchte nachforschen, um den Dingen auf den Grund zu gehen.				
Mehr Macht haben:	Ich möchte leiten und Autorität ausüben, um Verantwortung zu übernehmen.				
Harmonie erzeugen:	Ich möchte Ideen und Gefühle mit anderen teilen, um Ausgleich zu schaffen.				
Spaß haben:	Ich möchte Spaß haben und mich vergnügen, um zu entspannen und zu genießen.				
Vorsichtig handeln:	Ich möchte Gefahren und Schäden vermeiden, um den richtigen Weg zu gehen.				
Erfolg auskosten:	Ich möchte für meine Mühe gelobt werden, damit mir der Erfolg deutlich bewusst wird.				

Hinweis: Alle Bewertungen erfolgen von 1 (höchste Absicht) bis 10 (niedrigste Absicht).

Die Absichten der 20 Kennzahlen (Standard-Bewertung)

									Kennzahlen aus Diagramm 1										
		1	2	3	4	12	13	14	21	23	24	31	32	34	41	42	43	123	124	134	234
ABSICHTEN (Standard-Bewertung)	Neues schaffen	5	9	6	5	6	4	2	6	6	8	7	7	6	2	7	5	9	1	5	8
	Übereinstimmung	7	6	1	2	7	8	6	7	2	9	4	2	2	4	10	2	3	10	3	1
	Handlungsfähig sein	4	1	8	6	2	3	7	1	4	3	5	5	7	9	4	8	1	4	8	5
	Risiken eingehen	3	7	7	8	4	1	3	5	10	4	2	10	9	6	5	9	8	5	4	9
	Fakten einbeziehen	6	8	2	3	8	5	1	8	5	5	1	3	3	1	2	3	7	3	1	4
	Mehr Macht haben	1	5	10	9	1	2	5	2	9	6	6	9	5	7	9	6	4	2	6	7
	Harmonie erzeugen	10	3	3	4	9	6	9	9	1	2	3	1	4	5	1	4	2	9	7	3
	Spaß haben	9	2	5	10	5	9	10	4	3	7	10	4	8	10	8	7	5	6	9	6
	Vorsichtig handeln	8	10	4	1	10	10	4	10	7	10	9	6	1	3	6	1	10	8	2	2
	Erfolg auskosten	2	4	9	7	3	7	8	3	8	1	8	8	10	8	3	10	6	7	10	10

Was Sie durch den Abgleich Ihrer Absichten erleben können

Beispiel:

Frau Peters hatte in ihrer Selbstbewertung die Absicht „Spaß haben" mit 10 bewertet. In der Standard-Bewertung stand die Bewertungszahl 3. Dies ist eine Diskrepanz von 7. Ein lautes Selbstgespräch kam in Gang. *„Spaß haben ist mir eigentlich schon wichtig – aber ich habe gelernt, dass man im Arbeitsumfeld keinen Spaß haben darf, Arbeit ist Arbeit, Spaß ist Spaß war ein Spruch, mit dem ich groß wurde. Aber wenn ich so darüber nachdenke, möchte ich natürlich Spaß beim Arbeiten haben. Das ist doch viel schöner und effektiver."*
Frau Peters hat Veränderungsbedarf erkannt und möchte zukünftig mehr zulassen, dass die Arbeit und der Umgang mit Kollegen auch Spaß machen dürfen.

Hinweis:
Gehen Sie jetzt die 5 Schritte auf den nachfolgenden Seiten durch, um diesen Prozess selbst zu erleben.

Auswertung: Verhalten anpassen in 5 Schritten

Schritt 1: Machen Sie sich ein Bild der Ist-Situation
Sie haben in der Selbstbewertung Ihre Absichten priorisiert und eine Reihenfolge von 1 bis 10 erstellt.

Schritt 2: Gleichen Sie Ihre größten Abweichungen ab
Gleichen Sie jetzt Ihre Selbstbewertung mit der Standard-Bewertung ab, indem Sie die größten drei Abweichungen markieren.

Meine Absichten mit den 3 größten Abweichungen zwischen Selbstbewertung und Standard-Bewertung

1. _____

2. _____

3. _____

Reflektieren Sie für sich, warum diese Absicht mehr oder weniger Bedeutung für Sie hat, als bei den meisten Menschen Ihrer Verhaltenstendenz. Was bewerten Sie positiv, was negativ?

*Folgende Differenzen bewerte ich **positiv**:*

_____

_____

*Folgende Differenzen bewerte ich **negativ**:*

_____

_____

Schritt 3: Entscheiden Sie, welche Absicht Sie verändern möchten
Wenn Sie feststellen, dass Sie einer Absicht mehr Bedeutung verleihen möchten, können Sie anfangen, an Ihrem Verhalten zu arbeiten.

_____
Diese Absicht möchte ich steigern.

Schritt 4: Etablieren Sie neues Verhalten in Ihrem Alltag
Nutzen Sie die folgenden Verhaltenstipps, um eine Absicht zu steigern:

Neues schaffen: *„Ich möchte meine Unzufriedenheit in positive Ideen umwandeln, um Neues zu schaffen."*
- Ergreifen Sie Maßnahmen, wenn Sie von etwas genug haben.
- Stellen Sie sich etwas vor und realisieren Sie es.
- Sprechen Sie Kritik aus, auch wenn es unpopulär ist.

Übereinstimmung: *„Ich möchte andere zufrieden und glücklich machen, um akzeptiert zu werden."*
- Verlassen Sie sich auf die Stärke anderer.
- Kümmern Sie sich um jemand anderen.
- Halten Sie sich an ein Prinzip.

Handlungsfähig sein: *„Ich möchte verschiedene neue Interessen entwickeln, um das zu tun, was ich mag."*
- Lösen Sie sich von den Gruppennormen.
- Erkennen Sie Ihre Individualität.
- Geben Sie Ideen weiter, die Ihnen und anderen nutzen können.

Risiken eingehen: *„Ich möchte die Grenzen überschreiten, die andere einschränken, um Gelegenheiten zu ergreifen."*
- Übernehmen Sie die Führung.
- Seien Sie sorgloser.
- Verändern Sie Regeln, die andere aufgestellt haben.

Fakten einbeziehen: *„Ich möchte nachforschen, um den Dingen auf den Grund zu gehen."*
- Beenden Sie sinnlose Aktionen.
- Erkennen Sie Gefahren und seien Sie darauf vorbereitet.
- Untermauern Sie eine Schlussfolgerung mit Fakten.

Mehr Macht haben: *„Ich möchte leiten und Autorität ausüben, um Verantwortung zu übernehmen."*
- Ignorieren Sie Menschen, die blockieren wollen.
- Geben Sie zu, dass Sie etwas von anderen haben wollen.
- Kämpfen Sie dafür, dass Sie ungeliebte Aufgaben nicht tun müssen.

Harmonie erzeugen: *„Ich möchte Ideen und Gefühle mit anderen teilen, um Ausgleich zu schaffen."*
- Erkundigen Sie sich nach den Interessen anderer.
- Identifizieren Sie sich mit einer Gruppe.
- Verlassen Sie sich auf Autoritätspersonen.

Spaß haben: *„Ich möchte Spaß haben und mich vergnügen, um zu entspannen und zu genießen."*
- Lachen Sie herzhaft und bewusst.
- Zeigen Sie Ihre fröhliche Seite.
- Akzeptieren Sie Menschen mit stark abweichenden Ansichten.

Vorsichtig handeln: *„Ich möchte Gefahren und Schäden vermeiden, um den richtigen Weg zu gehen."*
- Halten Sie sich an Regeln.
- Fordern Sie andere auf, sorgfältig zu handeln.
- Führen Sie eine Arbeit aus, die Sie normalerweise delegieren.

Erfolg auskosten: *„Ich möchte für meine Mühe gelobt werden, damit mir der Erfolg deutlich bewusst wird."*
- Stehen Sie dazu, dass Sie gewinnen wollen.
- Arbeiten Sie an einer ausdrucksvollen, dynamischen Sprache.
- Akzeptieren Sie echte Anerkennung.

Schritt 5: Beobachten Sie, was sich verändert (über 1–2 Monate)
Notieren Sie sich hier, welche Veränderungen Sie sich im Alltag wünschen und beobachten Sie, ob diese erwünschten Veränderungen eintreten. Ansonsten: Justieren Sie nach.

Welche Veränderungen wünschen Sie sich im Alltag durch die Veränderungen Ihrer Absichten?

_____

_____

In welchen konkreten Situationen möchten Sie die Verhaltenstipps nutzen?

_____

_____

Wer kann Ihnen dabei helfen, die Verhaltenstipps umzusetzen?

_____

_____

Nach etwa 2 Monaten: Machen Sie jetzt Ihre 2. Selbstbewertung auf Seite 158.

Was Sie erleben werden

Absichten zu verändern ist nichts, was Sie an einem Tag schaffen. Sie werden sich immer wieder hinterfragen müssen, um sie (die Absichten) in einem mittel- bis langfristigen Prozess verändern können. Deshalb: Geben Sie nicht auf, wenn nicht direkt alles von Anfang an funktioniert. Wenn Sie dranbleiben, wird sich auf Dauer Ihr Verhalten verändern. Ganz automatisch werden Sie näher an das herankommen, was Sie sich wünschen.

INTERPRETATIONSSTUFE 5

Umgang mit Stresspotenzial

INTERPRETATIONSSTUFE 5
Umgang mit Stresspotenzial
basiert auf Diagramm I (äußeres Selbstbild) und auf
Diagramm II (inneres Selbstbild)

Ziel der fünften Interpretationsstufe ist das Nachdenken über Stress und die Möglichkeiten, das eigene Stressniveau zu reduzieren.

Vermutlich kennen auch Sie Situationen, in denen Sie überfordert sind. Hiermit stehen Sie nicht alleine da: Die meisten Menschen haben zeitweise das Gefühl, den aktuellen Anforderungen und Erwartungen nicht gewachsen zu sein. Geist und Körper rebellieren – sie haben Stress. Wenn wir diese Probleme lösen wollen, müssen wir zunächst verstehen, was Stress ist. Wir sehen oft nur den ungesunden Stress, und auch die Stressforschung betrachtet das Phänomen meist krankheitsorientiert. Aber: Stress ist zunächst wertneutral. Folglich müssen wir zwischen negativem und positivem Umgang mit Stress unterscheiden lernen.

Positiver Umgang mit Stress ist der Ansporn und Impuls für Leistungen jeder Art und somit ein notwendiger Faktor für Lernprozesse: Wir brauchen die kreative Spannung, wenn wir Neues entwickeln. Dieser positive Umgang mit Stress hilft uns, unser Verhalten besser an die Erfordernisse der Welt anzupassen.

*Positiver Umgang mit Stress ist überlebensnotwendig.
Er macht uns in vielen Situationen überhaupt erst funktionsfähig.*

Negativer Umgang mit Stress entsteht, wenn der Druck zu stark ist oder zu lange anhält. Das hat dann einen Raubbau unserer geistigen und körperlichen Kräfte zur Folge. Zum krankmachenden Problem wird Stress, wenn wir keine Strategien entwickeln, damit umzugehen.

Negativer Umgang mit Stress ist unproduktiv und kann gefährlich werden, wenn wir uns nicht aus eigener Kraft zu helfen wissen oder wenn wir die Stressoren (Auslöser) nicht identifizieren können.

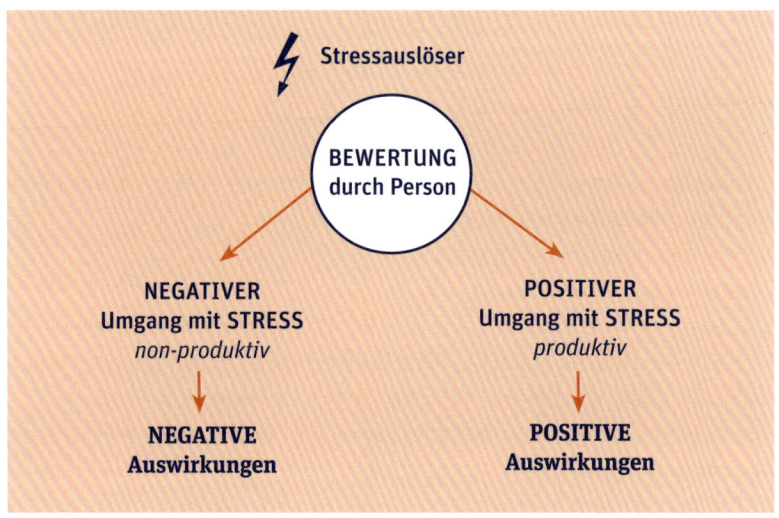

Stress ist zunächst wertneutral: Erst durch die Bewertung der Person und den positiven oder negativen Umgang wirkt er negativ oder positiv.

Wer unter den negativen Auswirkungen von Stress leidet, belastet damit häufig auch sein Umfeld. Gefährlich ist es aber auch, jeder Stresssituation aus dem Wege zu gehen und (notwendige) Veränderungen zu vermeiden.

Wie können wir unseren negativ empfundenen Stress bewältigen und den positiv empfundenen nutzen? Eine für alle Menschen geltende Antwort gibt es nicht, denn Stresssituationen werden von verschiedenen Menschen unterschiedlich erlebt. Was der eine als blockierenden Stress empfindet, veranlasst den anderen zu kreativen Sprüngen. Manche werden unter Stress laut und greifen an, andere ziehen sich zurück. In der Regel kommt unter Stress das natürliche Verhalten stärker zum Tragen, das heißt, wir haben unser Bild, das wir anderen gegenüber zeigen (äußeres Selbstbild), weniger unter Kontrolle. Zudem gibt es häufig eine Verhaltenstendenz, die in Stresssituationen stärker hervortritt.

Anti-Stress-Strategien müssen daher der eigenen Verhaltenstendenz entsprechen und „situationsspezifisch" ausgerichtet werden. Wir können nicht allgemein gültig bestimmen, welche Auslöser eine bestimmte Stresssituation hervorrufen, wann ein negatives Stressniveau erreicht ist oder was die richtigen Strategien zur Bewältigung sind. Das persolog® Persönlichkeits-Profil unterstützt Sie dabei, Ihre persönlichen Antworten zu finden.

Neben der Unterscheidung zwischen positivem und negativem Umgang mit Stress ist es für die Stressbewältigung entscheidend, ein weiteres Gegensatzpaar von Stressarten zu verstehen:

1. *intraindividueller Stress:* ein innerer Konflikt zwischen unseren Überzeugungen, Werten und Absichten sowie
2. *interindividueller Stress:* ein Konflikt zwischen Ihnen und anderen Personen.

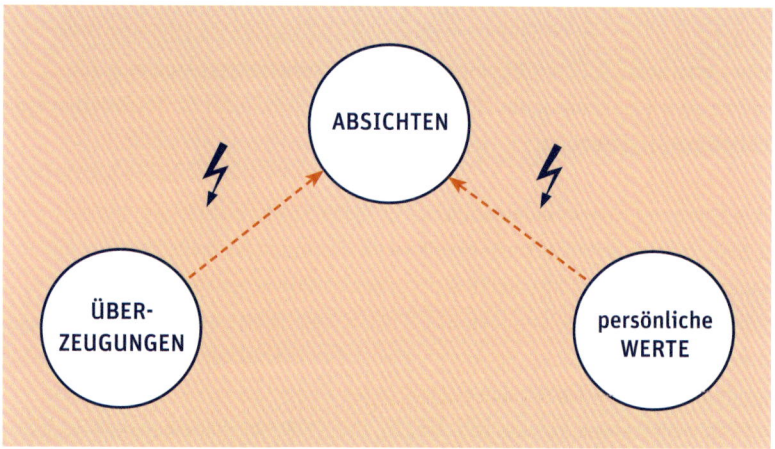

Wenn unsere Überzeugungen oder Werte unseren Absichten widersprechen, ensteht intraindividueller Stress.

Das persolog® Persönlichkeits-Modell beschäftigt sich vor allem mit intrapersonellem Stress, also mit dem Stress, der durch interne Ursachen (Stressherde) ausgelöst wird. Oft reagieren wir auf Anforderungen unserer Umwelt und bedienen *fremde* Erwartungen. Selten setzen wir uns mit unseren *eigenen* Bedürfnissen auseinander, bevor wir handeln. Fallweise widersprechen unsere Absichten dabei unseren Wertvorstellungen oder Überzeugungen. Die Folge: Die anstehenden Veränderungen führen zu Stress.

Vielleicht bemerken Sie, dass Sie unzufrieden sind und unter Druck stehen. Das persolog® Persönlichkeits-Modell kann Ihnen helfen, die möglichen Ursachen zu verstehen. Keiner kann intraindividuellen Stress vollständig vermeiden. Aber jeder kann lernen, besser mit ihm umzugehen.

Ein Beispiel: Eine Mitarbeiterin tendiert stark dazu, unkontrollierbare Ereignisse zu vermeiden. Sie achtet auf Regeln, legt Wert auf Präzision, durchdenkt ihre Entscheidungen akkurat und handelt entsprechend vorsichtig. Weil es das

Aufgabenfeld von ihr verlangt, hat sie die Absicht, künftig auch ohne gründliches Nachdenken Entscheidungen zu treffen und mehr Risiken einzugehen. Dadurch gerät sie aber in einen inneren Konflikt. Sie wird unzufrieden und erlebt negativen Stress.

Dieser negative Stress entsteht, weil die *Absichten* (Entscheidungen auch ohne gründliches Nachdenken treffen) mit den *Überzeugungen* (vorsichtig handeln) und den persönlichen *Werten* (Präzision, Regeln beachten) der Mitarbeiterin nicht übereinstimmen. Wenn aber täglich schnelle Entscheidungen nötig sind, ohne dass Zeit für gründliche Analysen bleibt, dann sollte sie sich ein Aufgabenfeld suchen, in dem sie ihren Überzeugungen und persönlichen Werten eher gerecht werden kann. Alternativ dazu kann sie auch versuchen, speziellen Verhaltensdimensionen gezielt mehr bzw. weniger Raum zu geben.

Anleitung: Stressintensität bestimmen

Mit den folgenden Tabellen bestimmen Sie die *Stressintensität*, der Sie in dem gewählten Umfeld ausgesetzt sind.

- Gehen Sie zur Auswertungsbox II auf Seite 51.
- Sehen Sie sich die Prozentzahlen (10–100) von Diagramm I an.
- Tragen Sie die Prozentzahlen in die Zeile „Diagramm I" in die untenstehende Tabelle ein.
- Gehen Sie genauso mit Diagramm II vor.
- Rechnen Sie die Differenz zwischen den D-Punktzahlen aus (kein Plus- oder Minuszeichen).
- Verfahren Sie genauso mit den Punktzahlen von I, S und G.
- Addieren Sie die Differenzzahlen und tragen Sie das Ergebnis im Kästchen „Summe" ein.
- Kreisen Sie Ihre Punktzahl in der Stress-Skala ein.
  Wenn Ihr Ergebnis mittelstarken, starken oder extrem starken Stress aufzeigt, füllen Sie die Vergleichsanalyse auf Seite 173 und 174 aus.

	D	I	S	G
Diagramm I				
Diagramm II				
Differenz (ohne Vorzeichen)				

Summe =

Stress-Skala	
Summe der Differenz	Intensität
0–40	gering
41–60	mittel
61–80	stark
81+	sehr stark

Auswertung: Ihre persönliche Vergleichsanalyse

Intraindividueller Stress entsteht, wenn Ihre Absichten, Überzeugungen und persönlichen Werte nicht in Einklang stehen. Mit der Vergleichsanalyse verschaffen Sie sich einen entsprechenden Überblick.

Absichten

Schreiben Sie Ihre drei wichtigsten Absichten von Seite 158 auf. Nutzen Sie für diese Übung die Standard-Bewertung.

1. _____

2. _____

3. _____

Überzeugungen

Schreiben Sie Ihre vier persönlichen Überzeugungen (D, I, S und G) von Seite 146 bis 149 auf.

D _____

I _____

S _____

G _____

Persönliche Werte

Übertragen Sie die persönlichen Werte aus Punkt 6 der Beschreibung Ihrer Verhaltenstendenz (Interpretationsstufe 2).

1. _____

2. _____

3. _____

4. _____

Vergleich Ihrer Absichten mit Ihren Überzeugungen und persönlichen Werten

Die Beschäftigung mit unseren Absichten, Überzeugungen und Werten zeigt, ob wir in uns Spannungen tragen, die sich negativ auf unsere Gesundheit, sozialen Beziehungen oder Lebensbalance auswirken können.

Gibt es Spannungen zwischen Ihren Überzeugungen und Absichten?

_____

Gibt es Spannungen zwischen Ihren persönlichen Werten und Absichten?

_____

Wenn zwei oder mehr Ihrer Überzeugungen oder Werte im Widerspruch zu Ihren Absichten stehen, überdenken Sie Ihre momentane Situation. Sind Veränderungen gut und notwendig, überdenken Sie Ihre Überzeugungen und persönlichen Werte.

Aktionsplan

Ich habe folgenden Stressauslöser erkannt:

_____

_____

_____

Ich erstelle folgende Strategie, um mit meinem intraindividuellen Stress besser umzugehen:

_____

_____

_____

_____

_____

Ich gebe mir folgenden Zeitrahmen vor:

_____

Tragen Sie den Termin in Ihren Kalender ein und erstellen Sie Ihr Persönlichkeits-Profil nach Ablauf dieses Zeitrahmens erneut für das gewählte Umfeld. Prüfen Sie, welche Veränderungen sich mit Blick auf die Stressintensität ergeben, der Sie in diesem Umfeld ausgesetzt sind.

AUSBLICK

Das Anwendungsspektrum des persolog® Persönlichkeits-Modells

AUSBLICK
Das Anwendungsspektrum des persolog® Persönlichkeits-Modells

Wenn Sie Ihr persolog® Persönlichkeits-Profil ausgewertet haben, werden Sie vermutlich die Welt fortan mit anderen Augen sehen.

Kommen wir nochmal auf das Beispiel aus der Einführung zurück. Wenn Sie selbst beispielsweise eine nüchterne Betrachtung der Dinge bevorzugen und Ihnen der strahlende Optimismus und die Impulsivität Ihrer Mitarbeiterin Ines I. schon mal zu weit gehen, dann wissen Sie jetzt: Die I-Komponente ist bei Frau I. besonders stark ausgeprägt. Sie würden Frau I. unglücklich machen, wenn Sie sie bäten, bei dem anstehenden Projekt vor allem Routine- und Detailarbeiten zu erledigen. Mit dem Wissen über das Persönlichkeits-Modell im Hinterkopf werden Sie stattdessen an ihre Stärken anknüpfen, ihre gewinnende Art im Umgang mit anderen Menschen nutzen und sie beispielsweise darum bitten, Kontakte herzustellen oder die Ergebnisse zu präsentieren.

Trainings und Seminare auf Basis des Persönlichkeits-Modells

Teamtraining mit dem persolog® Persönlichkeits-Modell
Ausgehend vom persolog® Persönlichkeits-Modell lernen die Teilnehmer, durch gegenseitige Ergänzung ihre Zusammenarbeit zu optimieren und Reibungs-verluste durch konstruktive Rückmeldung zu minimieren. Das Training kann sowohl beim Bilden neuer als auch bei der Entwicklung bestehender Teams eingesetzt werden.

Verkaufen mit Persönlichkeit
Ziel des Verkaufstrainings ist es, die Kenntnisse des persolog® Persönlichkeits-Modells für den Verkauf anzuwenden. Die Teilnehmer erfahren mehr über ihren *Verkaufsstil* als Verkäufer und über die Wirkung von Verkäuferstilen auf den Kunden. Sie erkennen und reflektieren den *Kaufstil* von Kunden und erlernen, wie Sie sich auf die spezifischen Kundenbedürfnisse einstellen können. Das Seminar bietet entscheidende Hilfen, um gute Voraussetzungen für Win-Win-Situationen zu schaffen.

Spezielle Instrumente zur Vertiefung

Basierend auf dem persolog® Persönlichkeits-Modell sind zahlreiche Produkte verfügbar. Neben den allgemeinen Unterlagen, die für vielfältige Interessen eingesetzt werden können, gibt es auch zielgruppenspezifische Instrumente, um die Inhalte des Modells zu vertiefen.

persolog® Stellen-Profil – Mitarbeiterentwicklung und Karriereplanung
Das persolog® Stellen-Profil definiert in der Sprache des persolog® Persönlichkeits-Profils die Verhaltensanforderungen an eine bestimmte Arbeitsstelle. Die Ergebnisse bilden die Grundlage der Mitarbeiterentwicklung oder Karriereplanung. Sowohl Führungskräfte als auch Mitarbeiter selbst erhalten objektive In-

formationen über die Erwartungen an das Verhalten und noch zu füllende Leistungslücken. Dies führt zu einer effektiveren Aufgabenerledigung und zu reduzierten Reibungsverlusten. Das persolog® Stellen-Profil können Sie auch bei der Mitarbeiterauswahl einsetzen. Dieses Instrument ist nur über zertifizierte Trainer erhältlich.

Strategieplaner für Verkauf und Service
Der Strategieplaner für Verkauf und Service ist eine Arbeitshilfe für Kundengespräche sowie für Servicetechniker im Innen- und Außendienst. Dieses Instrument unterstützt den Anwender beim Einschätzen der Kundenpersönlichkeit, beim Erarbeiten einer differenzierten Verkaufsstrategie und beim Planen des Verkaufsgespräches. Es ermöglicht zudem eine individuelle Auswertung der Begegnungen. Der Strategieplaner für Verkauf und Service ist auch für Endkunden erhältlich.

Strategieplaner für Zeit und Persönlichkeit
Dieses Instrument zeigt neue Wege auf, wie bewährte Methoden und Konzepte des Zeitmanagements verhaltensbezogen eingesetzt werden können. Die Themen Zielplanung, Umgang mit Aufschieberitis und Delegation werden mit Hilfe des persolog® Persönlichkeits-Modells in individuell nachvollziehbaren Schritten umgesetzt. Der Strategieplaner für Zeit und Persönlichkeit ist auch für Endkunden erhältlich.

Strategieplaner für Mitarbeitergespräche
Als Instrument der Personalentwicklung dient der Strategieplaner für Mitarbeitergespräche. Er hilft Führungskräften, das Verhalten der Mitarbeiter zu erkennen und deren Engagement und Fähigkeiten zu bewerten. Die Arbeitshilfe unterstützt dabei, passende Strategien zur Leistungssteigerung zu identifizieren und den Management- und Verhaltensstil entsprechend abzustimmen. Der Strategieplaner für Mitarbeitergespräche ist auch für Endkunden erhältlich.

Die hier skizzierte Übersicht stellt nur einen Teil der Produktfamilie dar. Weitere Informationen erhalten Sie bei zertifizierten Trainern sowie unter www.persolog.de.

INTERVIEW MIT DR. JOHN G. GEIER

3 Fragen an den „Vater" des persolog® Persönlichkeits-Modells

INTERVIEW MIT DR. JOHN G. GEIER

3 Fragen an den „Vater" des persolog® Persönlichkeits-Modells

Der amerikanische Psychologe und Verhaltensforscher Dr. John G. Geier (1934–2009) hat über 40 Jahre am persolog® Persönlichkeits-Profil geforscht. Er ist der geistige „Vater" von D, I, S und G, wie wir die Verhaltenstendenzen heute kennen. Seine Werke leben auch nach seinem Tod weiter und werden nun von der persolog GmbH entwickelt. Hier finden Sie eines seiner letzten Interviews. Freuen Sie sich auf die weisen Worte eines Mannes, der sich sein Leben lang mit dem Thema Verhalten beschäftigt hat.

Friedbert Gay: Blicken wir zurück. Worauf führen Sie den Erfolg des persolog® Persönlichkeits-Profils zurück, das weltweit inzwischen von 40 Millionen Personen genutzt worden ist?
John G. Geier: Mir kommen bei Ihrer Frage vier Faktoren in den Sinn: Neugier, Konflikte, Veränderungen und Glaubwürdigkeit.

- **Zuerst zur Neugier.** Fragen zu stellen, ist Teil unserer menschlichen Natur: Wer bin ich? Wie kann ich mein Leben sinnvoller gestalten? Wir arbeiten darauf hin, dass sich jeder einzelne Verwender unserer Produkte wichtig nimmt, seine Möglichkeiten, aber auch die eigenen Grenzen erkennt. Wer in seinem Leben bestimmte Ziele verfolgt, nimmt sich ernst und ist in der Lage, etwas zu leisten, das im gesellschaftlichen Umfeld eine Bedeutung hat. Mit den vom Persönlichkeits-Modell bereitgestellten Begriffen können die Verwender unserer Produkte erkunden, wo sie stehen und in welchem Ausmaß ihre Arbeit oder ihr Leben produktiv ist.
- **Ein Konflikt tritt auf,** wenn wir nicht in der Lage sind, uns verständlich auszudrücken. Meinungsverschiedenheiten lassen sich durch Kommunikation überbrücken, und die vom Persönlichkeits-Modell benutzten Begriffe bieten hierzu einen geeigneten Ansatz.
- **Bei Veränderungen** treten oft Widerstände auf. Wir lassen uns nur auf Veränderungen ein, die wir wollen. Das Persönlichkeits-Modell hilft uns, unsere Bedürfnisse differenzierter zu artikulieren.
- **Die Glaubwürdigkeit** ist ein weiterer Grund für den Erfolg des persolog® Persönlichkeits-Profils (D, I, S und G). Systematische wissenschaftliche Forschung ist eine wesentliche Voraussetzung, wenn ein Verwender unserer Produkte die erhaltenen Ergebnisse akzeptieren soll. Wichtig ist aber auch die Plausibilität, weil der Klient sagen möchte: „Ja, das bin ich."

Friedbert Gay: Was bringt das Persönlichkeits-Modell (D, I, S und G) aus Ihrer Sicht den Klienten der Trainer?

John G. Geier: Die Unternehmen werden mit Test- und Assessment-Tools überflutet, wobei die meisten davon den Eindruck erwecken, sie seien das Nonplusultra. Das ist fatal, denn das einzig Beständige im Leben ist die Veränderung. Unsere Produkte dienen idealerweise dazu, den Klienten die Anpassung an ihre sich häufig ändernden Lebens- und Arbeitsbedingungen zu ermöglichen. Dabei gilt: Ein guter Trainer vermeidet lange Vorträge, redet mit seinen Klienten und hilft ihnen, selbst zu entdecken, was für sie das Richtige ist.

Friedbert Gay: Was bringt das Persönlichkeits-Modell (D, I, S und G) aus Ihrer Sicht den Trainern?

John G. Geier: Die Trainer nutzen das Modell, um Mitarbeiter und Führungskräfte bei der Kommunikation zu unterstützen. Jeden Tag ergeben sich zwei Fragen: Was ist zu tun und wie soll es erreicht werden? Die zwei Worte – *was* und *wie* – sind der Ausgangspunkt, weil die Klienten der Trainer dazu angeleitet werden sollen, Verbesserungen zu entdecken, für sich selbst und ebenso im Hinblick auf die Arbeitsorganisation.

Zertifizierung persolog® Persönlichkeits-Modell

Verhalten erkennen und Persönlichkeit entwickeln mit System

- Erweitern Sie Ihr Know-How im Bereich Persönlichkeitsentwicklung.
- Arbeiten Sie mit einem wissenschaftlich abgesicherten Modell, das einfach zu verstehen und praxisnah einsetzbar ist.
- Nutzen Sie die Vielfalt des Tools, um gezielt auf die Bedürfnisse Ihrer Kunden, Mitarbeiter und Kollegen einzugehen.

Melden Sie sich jetzt zur Zertifizierung an unter www.persolog.de/ppm

„Persönlichkeiten,
nicht Prinzipien,
bringen die Zeit
in Bewegung."
_{Oscar Wilde}

Friedbert Gay
– Ihr Speaker für Persönlichkeitsentwicklung

Er beantwortet Ihnen auf humorvolle Art die essentielle Frage: „Wie können Menschen besser zusammenarbeiten?"

Holen Sie Friedbert Gay jetzt für Ihre Veranstaltung:

☎ 07232 3699-0   ✉ friedbert.gay@persolog.com

f facebook.com/FriedbertGayTrainer

x xing.com/profile/Friedbert_Gay

www.friedbert-gay.de

„Oft ist es der Sprung
ins Unbekannte,
der zum nächsten Level führt."
– Debora Karsch

Debora Karsch
– Ihre Speakerin für Stärke, die von innen kommt

Debora Karsch unterstützt Sie dabei, herausfordernden Fragen in Ihrem Leben nachzugehen und bisher unentdeckte Stärken zu entdecken und zu leben.

Buchen Sie jetzt einen Vortrag, ein Training oder Coaching von Debora Karsch:

📞 07232 3699-0   ✉ debora.karsch@persolog.com
f facebook.com/deborakarsch   ⓘ instagram.com/deborakarsch

www.debora-karsch.de

> »ÜBERNEHMEN SIE
> VERANTWORTUNG FÜR IHR LEBEN.«
> STEPHEN R. COVEY

Stephen R. Covey hat mit seinen ZEITLOSEN PRINZIPIEN UND GEDANKEN neue Maßstäbe gesetzt

Internationaler BESTSELLERAUTOR und MANAGEMENTVORDENKER

DIE WICHTIGSTEN BÜCHER von Stephen R. Covey IN NEUEM LOOK

INTERNATIONALER BESTSELLER
ÜBER 30 MIO. VERKAUFTE EXEMPLARE WELTWEIT

ISBN 978-3-86936-894-8
€ 24,90 (D) / € 25,60 (A)

ISBN 978-3-86936-895-5
€ 29,90 (D) / € 30,80 (A)

ISBN 978-3-86936-722-4
€ 24,90 (D) / € 25,60 (A)

Eine Übersicht aller Bücher von Stephen R. Covey finden Sie auf **www.gabal-verlag.de**.

 Alle Titel auch als E-Book erhältlich

Whitebooks

Kompetentes Basiswissen für Ihren beruflichen und persönlichen Erfolg

Nicole Truchseß
Glaubenssätzen auf der Spur
ISBN
978-3-86936-837-5
€ 19,90 (D)
€ 20,50 (A)

Ingrid Gerstbach
77 Tools für Design Thinker
ISBN
978-3-86936-805-4
€ 34,90 (D)
€ 35,90 (A)

Carmen Schön, Karin Midwer
Die Feelgood-Methode für Frauen
ISBN 978-3-86936-839-9
€ 19,90 (D) / € 20,50 (A)

Jan Reuter
Das selbstbestimmte Unternehmen
ISBN 978-3-86936-836-8
€ 22,90 (D) / € 23,60 (A)

Brigitte Seibold
Flipcharts gestalten
ISBN 978-3-86936-807-8
€ 19,90 (D) / € 20,50 (A)

Franziska Brandt-Biesler
Verkaufen und überzeugen mit Fragen
ISBN 978-3-86936-804-7
€ 19,90 (D) / € 20,50 (A)

Josef W. Seifert
Konfliktmoderation
ISBN 978-3-86936-840-5
€ 19,90 (D) / € 20,50 (A)

Anke Fehring
Wer Ziele hat, kommt an
ISBN 978-3-86936-806-1
€ 24,90 (D) / € 25,60 (A)

 Alle Titel auch als E-Book erhältlich

gabal-verlag.de

Dein Erfolg

Erprobte Strategien, die Ihnen auf dem Weg zum Erfolg hilfreiche Abkürzungen bieten.

Stephen R. Covey
Die 7 Wege zur Effektivität
ISBN 978-3-86936-894-8
€ 24,90 (D)
€ 25,60 (A)

Matthew Mockridge
Gate C30
ISBN 978-3-86936-798-9
€ 15,00 (D)
€ 15,50 (A)

Christoph Maria Michalski
Die Konflikt-Bibel
ISBN 978-3-86936-829-0
€ 24,90 (D) / € 25,60 (A)

Peter Holzer
Mut braucht eine Stimme
ISBN 978-3-86936-797-2
€ 25,00 (D) / € 25,80 (A)

Tim Templeton
Erfolgreiches Networking
ISBN 978-3-86936-828-3
€ 22,90 (D) / € 23,60 (A)

Ilja Grzeskowitz
Mach es einfach!
ISBN 978-3-86936-689-0
€ 19,90 (D) / € 20,50 (A)

Kishor Sridhar
Frauen reden, Männer machen?
ISBN 978-3-86936-796-5
€ 24,90 (D) / € 25,60 (A)

Peter Brandl
Crash-Kommunikation
ISBN 978-3-86936-830-6
€ 19,90 (D) / € 20,50 (A)

 Alle Titel auch als E-Book erhältlich

gabal-verlag.de

NOTIZEN

NOTIZEN

NOTIZEN